Aufgewachsen in der DDR

Stefan Elbe
Anja Jungfer

WIR vom Jahrgang 1977

Kindheit und Jugend

Wartberg Verlag

Impressum

Bildnachweis:

Stefan Elbe: S. 6, 7 li, 12 o, 28 o, 29 u, 35; Marion Gebauer: S. 21; Jan Hölzer: S. 30, 31, 41, 50, 51, 52, 63; Anja Jungfer: S. 8, 12 re, 13 re, 14, 15, 16, 24, 25 li, 26 li, 27 o, 29 mi, 33, 34 mi, 36 o, 37, 38, 39, 40, 42 re, 43 li, 57, 62 o; Michael Langanke: S. 56, 60; Nicole Mechsner: S. 7 re, 10 mi, 11, 13 li, 20, 27 u, 48 mi; Sieglinde Mörtel: S. 4, 9, 10 o, 18, 19, 25 re, 34 o, 36 u, 42 li, 43 re, 44, 48 o; Uwe Mörtel: S. 49, 54; Anne Rosenkranz: S. 23; Christian Rosenkranz: S. 17 u, 26 re; Frank Rosenkranz: S. 22; Ullstein-Haun: S. 61; Ullstein-Joko: S. 47 re; Ullstein-Peters: S. 46; Ullstein-Pop-Eye: S. 55; Ullstein-pwe Verlag GmbH: S. 58; Ullstein-Scherkaufer: S. 47 li; Ullstein-Schneider: S. 53; Marcus Weidemann: S. 12 li, 17 o, 28 mi, 62 mi;

**Wir danken allen Lizenzträgern für die freundliche Abdruckgenehmigung.
In Fällen, in denen es nicht gelang, Rechtsinhaber an Abbildungen zu ermitteln, bleiben Honoraransprüche gewahrt.**

2. Auflage 2011

Gestaltung und Satz: Ravenstein und Partner, Verden; J. Alter
Druck: Druck- und Verlagshaus Thiele & Schwarz GmbH, Kassel
Buchbinderische Verarbeitung: Buchbinderei Büge, Celle

34281 Gudensberg-Gleichen • Im Wiesental 1
Telefon: 0 56 03/9 30 50 • www.wartberg-verlag.de
ISBN: 978-3-8313-1777-6

VOR-WORT

Liebe 77er!

Wenn wir heute über unsere Kindheit reden, dann klingen die Geschichten wie aus einer anderen, fremden Welt. Ende der 70er Jahre wurden wir in eine Zeit hineingeboren, in der die DDR-Bürger ihren Staat längst nicht mehr kritiklos hinnahmen. Eine Sichtweise, die sich während der 80er weiter zuspitzte, 1989 zur Wende und schließlich zur Wiedervereinigung führte.

Für unseren Jahrgang bedeutet dies, dass wir zwischen zwei Systemen heranwuchsen.

Unsere frühen Erinnerungen sind genauso unbeschwert wie die der Kinder auf der anderen Seite des Eisernen Vorhangs. Lieblingssendungen im Fernsehen, das Lieblingskuscheltier oder die Ferien und Wochenenden bei Oma und Opa mögen vielleicht DDR-spezifische Besonderheiten gehabt haben, für uns waren sie normal. Unsere Identität besteht nicht nur aus „Topfbank", dem Pioniermanifest und Trabantfahrten mit Familie. Ebenso lernten wir, was es bedeutet, wenn sich gewohnte Dinge von heute auf morgen verändern und unsere Eltern uns kaum noch mit ihren eigenen Lebenserfahrungen zur Seite stehen können.

Wir 77er sind vielleicht auch deshalb etwas Besonderes, weil wir in der Lage waren, uns neu zu orientieren. Wir wurden nach einigen Wirrungen schließlich echte Kinder der 90er und Generationskosmopoliten. Wir fliegen nach Mallorca wann es uns passt, können ohne das Internet nicht mehr leben und feiern ganz selbstverständlich Siege der Deutschen Nationalelf bei der Fußball-WM. Im Großen und Ganzen unterscheidet uns kaum noch etwas von den in Westdeutschland geborenen 77ern. Wären da nicht die Anekdoten aus der Zeit des Schwarzweißfernsehens, die manch einer mit einem Schmunzeln, wieder andere mit Kopfschütteln erzählen – erstaunt darüber, dass wir irgendwann wohl tatsächlich einmal in einer ganz anderen Welt gelebt haben. In diese Welt, liebe Leserinnen und Leser, möchten wir Sie noch einmal mitnehmen, auf eine Reise in unsere Kindheit und Jugend.

Anja Jungfer *Stefan Elbe*

1977-1979

Stubenwagenparade und Moltonwindeln

Das 1. bis 3. Lebensjahr

Das wichtigste Ereignis

Das Jahr 1977 sah neben unserer eigenen Ankunft zahlreiche historisch mehr oder weniger bedeutsame Ereignisse, welche unsere Eltern jedoch vermutlich nur am Rande interessierten. Zwar waren die Nachrichten voll von Meldungen wie der, dass Charlie Chaplin auf seinem Alterssitz in der Schweiz gestorben war und Helmut Kohl nicht in die DDR gelassen wurde, doch unsere Familien warteten auf uns!

„Abwarten und Tee trinken“, wie das Sprichwort vorschlägt, war für unsere Mütter sowieso nicht drin, denn bis sechs Wochen vor der Geburt der Mutterschutz griff, gingen sie tagtäglich wie gewohnt ihrer Arbeit nach. Davon dass Alice Schwarzer mit der Herausgabe der Zeitschrift „Emma“ eine neue Ära des feministischen Journalismus einläutete

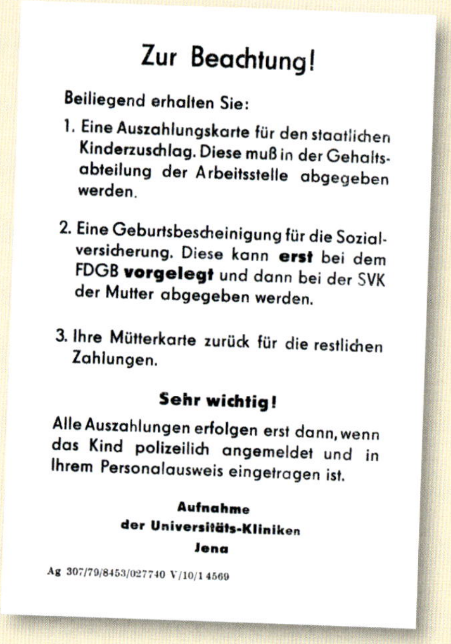

Zur Beachtung!

Beiliegend erhalten Sie:

1. Eine Auszahlungskarte für den staatlichen Kinderzuschlag. Diese muß in der Gehaltsabteilung der Arbeitsstelle abgegeben werden.

2. Eine Geburtsbescheinigung für die Sozialversicherung. Diese kann **erst** bei dem FDGB **vorgelegt** und dann bei der SVK der Mutter abgegeben werden.

3. Ihre Mütterkarte zurück für die restlichen Zahlungen.

Sehr wichtig!

Alle Auszahlungen erfolgen erst dann, wenn das Kind polizeilich angemeldet und in Ihrem Personalausweis eingetragen ist.

Aufnahme
der Universitäts-Kliniken
Jena

Ag 307/79/8453/027740 V/10/1 4569

Merkblatt fürs Finanzielle.

und umso verbissener für die Gleichberechtigung der Frau in der BRD kämpfte, bekamen unsere werdenden Mamas recht wenig mit.

Chronik

20. Mai 1977
In Paris startet der Orient-Express „Paris – Istanbul", einer der berühmtesten und luxuriösesten Züge der Eisenbahngeschichte, zum letzten Mal seit seiner Jungferfahrt 1833.

20. Juni 1977
Der Schauspieler und Sänger Manfred Krug verlässt die DDR.

25. Juni 1977
Grundsteinlegung zum Wiederaufbau der im Zweiten Weltkrieg zerstörten Semperoper in Dresden.

16. August 1977
Elvis Presley stirbt in Memphis/Tennessee an Herzversagen.

15. Januar 1978
Die DDR verweigert dem CDU(West)-Vorsitzenden Helmut Kohl die Einreise nach Ostberlin.

8. Mai 1978
Reinhold Messner und Peter Habeler besteigen als erste Bergsteiger den Mount Everest ohne Sauerstoffgerät.

26. August 1978
Sigmund Jähn startet als erster deutscher Kosmonaut ins All.

13. November 1978
In Hollywood wird der 50. Geburtstag der Comic-Figur „Mickey Mouse" gefeiert.

16. April 1979
DDR-Bürger dürfen im Intershop nicht mehr mit West-Devisen bezahlen, stattdessen werden die Forum-Schecks eingeführt.

3. Oktober 1979
In der Berliner Wuhlheide weiht Margot Honecker den Pionierpalast „Ernst Thälmann" ein.

16. Oktober 1979
Der polnische Kardinal Karol Wojtyla, wird zum neuen Papst gewählt. Papst Johannes Paul II. ist seit 455 Jahren der erste nicht-italienische Papst.

Zumindest konnten sie sich auf sechs Monate Babyurlaub und eine staatliche Beihilfe in Höhe von 1000 Mark freuen.

Abgekinderter Kredit und Babyjahr

Im Laufe der 70er Jahre wurde das Ideal der Kleinfamilie aufgrund des Geburtenrückgangs und der rückläufigen Zahl der Eheschließungen immer weniger erfüllt. Die SED-Regierung musste sich also dafür neue Anreize ausdenken. Bereits ab 1972 gab es einen zinslosen Ehekredit in Höhe von 5000, später 7000 Mark, wobei sich die Rückzahlung pro Kind verringerte. Mit dem dritten Kind wurde er gänzlich erlassen. Er war „abgekindert". Anspruch hatten zunächst nur Paare unter 26, die zum ersten Mal heirateten. Zusätzlich wurden Maßnahmen beschlossen, die vor allem für ledige Frauen die Vereinbarkeit von Familie und Beruf erleichtern sollten. Einige „Vereinbarkeitsregelungen" griffen nur bei Alleinerziehenden, andere nur bei Verheirateten. Daher stand Folgendes zur Wahl: Wenn man eine Wohnung brauchte, musste man heiraten: Neubauwohnung nur mit Eheurkunde! Hatte man eine Wohnung, blieb man lieber ledig, weil die ledigen Mütter mehr Unterstützung bekamen (Krippenplatz, Lohn bei KdK - heißt „Krankheit des Kindes"). Das „Babyjahr" bei voller Lohnfortzahlung wurde erst ab dem zweiten Kind für ein Jahr gewährt. Vollbeschäftigte Mütter konnten zudem monatlich einen bezahlten „Haushaltstag" in Anspruch nehmen.

Die frohe Botschaft

Sobald „es so weit war", machten sich zunächst die Mamas per SMH (Schnelle Medizinische Hilfe) und später auch die werdenden Väter

Das Babyalbum – Erbstück und Kunstwerk.

Staatsbesuch bei den Großeltern.

auf den Weg ins Krankenhaus. Hier hieß es dann: warten. Diejenigen, die es geschafft hatten, bis in Reichweite der Stationsschwester vorzudringen, warteten gespannt auf die Nachricht, ob wir denn ein Junge oder Mädchen wären. Sobald unsere Daten nebst Größe und Gewicht dann vom Arzt oder der Schwester verifiziert worden waren, hetzte Papa schnurstracks zur nächsten Telefonzelle (von denen es nur wenige gab und noch weniger funktionierten) um den lieben Verwandten, dem Nachbarn, dem Gastwirt der Dorfkneipe oder dem zuständigen ABV die frohe Botschaft unserer Ankunft zu überbringen. Je nachdem, wer ein erreichbares Telefon besaß.

So konnte es vorkommen, dass Oma und Opa oder die Geschwister erst durch eine längere Kette von Informanten Näheres über das neue Familienmitglied – also uns – erfuhren. Hatten wir nicht das Glück einen Agenten vor Ort im Krankenhaus zu haben, musste sich der Rest der Familie zunächst mit der Nachricht begnügen, dass es Mutter und Kind „den Umständen entsprechend" gut gehe. Wenn in unserer Geburtsstätte telefonisch über uns Auskunft erbeten wurde, waren wir außerdem erst einmal nicht männlich oder weiblich, sondern lediglich „der Säugling".

Wäschekorb und Galgen

Unser Stubenwagen, in dem wir die ersten Monate zum Großteil verbrachten, wenn wir nicht im Gitterbettchen waren, war stets ein Unikat. Ein großer Wäsche-Weidenkorb war schon vor unserer Ankunft aufgetrieben worden. In der Regel als Leihgabe eines Verwandten oder Bekannten, der seine Wäsche nun erst einmal anderweitig aufbewahrte. Dazu kam noch ein Untergestell, vorzugsweise mit quietschenden Rädern, sodass wir je nach Bedarf in Küche, Wohnstube oder Hausflur bugsiert werden konnten.

Ebenso wichtig, und gleichzeitig dekorativen Zwecken dienend, war der „Galgen", über den später der mit Rüschen und Spitzen verzierte Himmel unseres Wägelchens gebreitet wurde. Für derlei handarbeiterische Babyausstattung waren unsere Mamas oder Omas zuständig. Die Wagendecke hatten unsere Mütter über ihren Babybäuchen an Fernsehabenden selbst geknüpft, während Papa oder Opa fleißig Regale anbrachten, Kommoden herumrückten oder Zimmer strichen.

Immer die richtige Masche

Unsere Babymode im Jahre 1977 war stilsicher. Ein buntes Gemisch aus weitergegebenen Kindersachen von älteren Geschwistern, Cousinen und Cousins sowie ein gehöriger Schuss Häkel- und Strickware Marke Familienproduktion sorgten für unseren modebewussten Auftritt. Je nach Anlass, ob Arztbesuch, Schauschlafen für die Verwandtschaft oder Ausflüge mit der Familie, waren wir passend umgarnt und eingehäkelt.

Unser Kinderwagen war für Transport und Aufbewahrung sogar schreiender Fracht geeignet. Ob das Kofferradio wohl lauter ist?

Egal wie klein die Wohnung war, der Stubenwagen gehörte dazu.

Praktische Vehikel

Der Kinderwagen rundete unser Erscheinungsbild endgültig ab. Die Korbwagen, in denen unsere Eltern noch gelegen hatten, und welche auch gut und gerne ein paar Generationen überdauerten, waren inzwischen aus der Mode gekommen. Wir fuhren die leichteren Modelle von Zekiwa, mit entsprechenden praktischen Erweiterungen für die moderne Mutti. Ein Transportkorb zwischen den großen, zerbrechlich wirkenden Rädern gehörte genauso dazu wie ein Einkaufsnetz am Schiebebügel. So konnten unsere Eltern die Ausfahrten gleich noch mit dem Gang in den Konsum verbinden. Wahlweise hatten Teddy, Fläschchen oder Windeln Platz im Gepäcknetz.

Babyschalen oder Kindersitze fürs Auto gehörten nicht zu unserer Erstausstattung. Weil: Die meisten hatten kein Auto und wenn doch, dann wurde einfach das Wagenoberteil auf die Rückbank gestellt. Dafür waren aber Tragegestelle „in". Das machte sich gut, wenn wir mit unseren Eltern verreisten. Wie viele Stunden mögen wohl jene, die über solchen Luxus verfügten, darin auf Papas Rücken geschlafen haben? Das Schaukeln auf dem Weg zur Bushaltestelle oder Bahnhof (der konnte durchaus eine halbe Stunde in Anspruch nehmen) hat uns eingeschlummert. Viele von uns kuschelten ihre Köpfchen auch in Papas Haar, das nicht selten ziemlich lang war.

Ich heiße ...

Fast alle von uns erwartete irgendwann jene Zeremonie, während der wir in einem kalten Haus noch kälteres Wasser über den Kopf geschüttet bekommen und uns ein Mensch im langen (übrigens nicht gehäkelten) Kleid verrät, wie wir heißen. Unsere Verwandtschaft freute sich gehörig darüber, vielleicht, weil sie unseren Namen nun auch erfahren durfte? Zum Glück hatten manche von uns die Möglichkeit, die als „Rote Taufe" betitelte Sozialistische Namensgebung zu absolvieren. Hierbei gab es auch einen Namen und Paten. Die Familie freute sich ebenso – nur das Wasser blieb weg. In manchen Fällen wurde der ganze Zirkus nebst schicken Sachen und Feier weggelassen. Wir haben selbstverständlich trotzdem alle einen Namen bekommen, wenngleich der dann auch nur schnöde in die Geburtsurkunde eingetragen wurde.

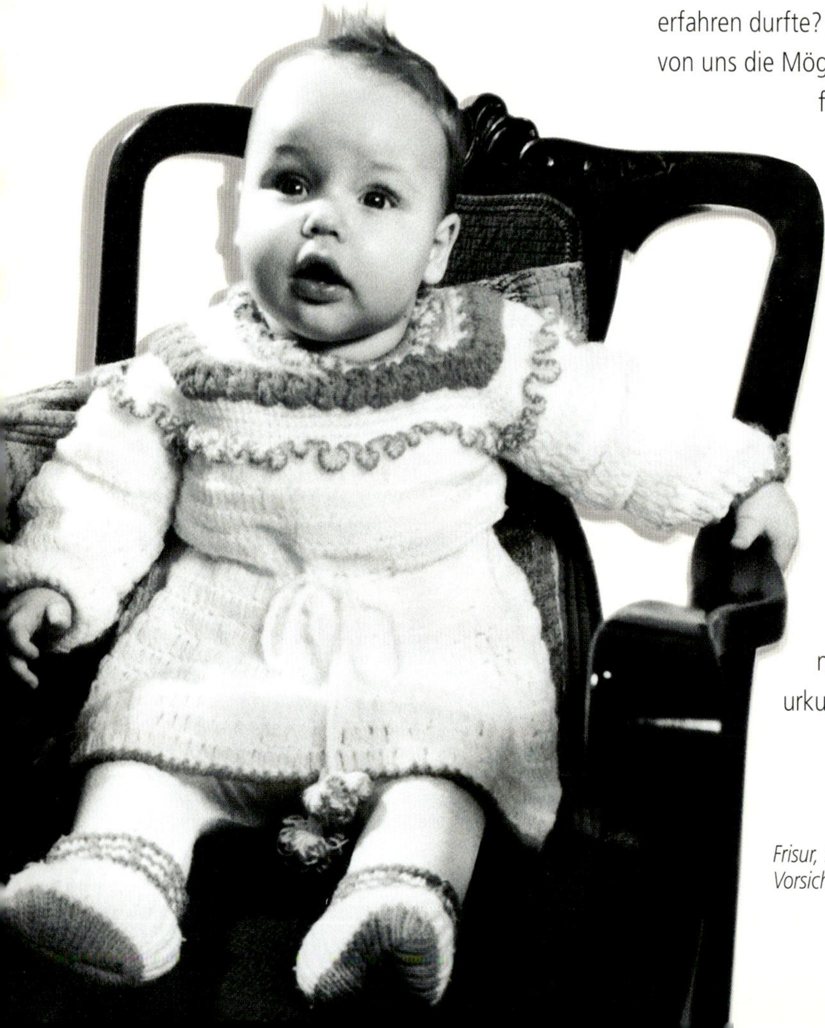

Frisur, Häkeloutfit, Kind – alles sitzt. Vorsicht Kamera!

Alte Traditionen neu verpackt

Wie die Geschichte zeigt, war es stets ratsam gewesen, dem Volk seine Feierlichkeiten und Festivitäten nicht streitig zu machen. Genau wie die christliche Kirche einst heidnische Bräuche übernahm und umbenannte, machte dies die DDR-Regierung teilweise wieder rückgängig. Von der „geflügelten Jahresendfigur" mal ganz abgesehen, welche bald zum ebenso geflügelten Wort avancierte.

Die christliche Taufe wurde zur Sozialistischen Namensgebung, die zum ersten Mal am 1. Juni 1958 in Ostberlin stattfand. Planmäßig ging es im Leben weiter mit der Jugendweihe anstelle der Konfirmation. Bei beiden Anlässen waren dem Weihling vor allem die Paten willkommen, denn bekanntermaßen gab es von denen Geschenke und die verheißungsvoll raschelnden Briefumschläge. Wer dann schließlich den heiligen Bund der Ehe zu schließen bereit war, konnte dies unter der Bezeichnung Sozialistische Eheschließung oder auch Eheweihe tun. Hatte man sämtliche Stationen erfolgreich absolviert, kam man beim Sozialistischen Begräbnis an, wobei der Pfarrer eingespart wurde, bei der aber sonst alles gleich war.

Wie ein Sack voll Flöhe ...

Im zarten Alter von sechs Monaten war Schluss mit dem zu Hause rumsitzen. Mutti musste wieder zur Arbeit und für uns hieß es: Ab in die Kinderkrippe. Zunächst gab es wieder einmal Merkblätter, in denen die Regeln für unsere Aufnahme in die Krippe und unser Tagesablauf standen. So wussten unsere Eltern zum Beispiel, dass sie 1 Mark 40 pro Tag für unseren Krippenplatz bezahlen mussten. Sie konnten auch genau nachvollziehen, wann wir Kaffeepause hatten oder zum „Töpfen" versammelt wurden.

Unsere Krippentanten, Berufsbezeichnung Säuglings- und Kleinstkindererzieherin, machten ihrem Namen alle Ehre und versuchten uns so gut es ging „Erziehung" angedeihen zu lassen. Das war zwischen unserem Gekrabbel, auf den Windelpo plumpsen oder der Demontage diverser Zimmerpflanzenarrangements nicht ganz einfach. Anstatt uns einzeln zu bändigen, wurden wir von klein auf in Grüppchen organisiert.

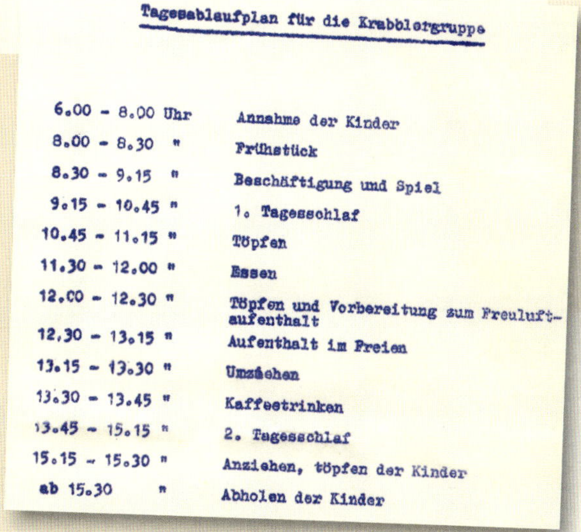

Tagesablaufplan für die Krabblergruppe

6.00 - 8.00 Uhr	Annahme der Kinder
8.00 - 8.30 "	Frühstück
8.30 - 9.15 "	Beschäftigung und Spiel
9.15 - 10.45 "	1. Tagesschlaf
10.45 - 11.15 "	Töpfen
11.30 - 12.00 "	Essen
12.00 - 12.30 "	Töpfen und Vorbereitung zum Freuluftaufenthalt
12.30 - 13.15 "	Aufenthalt im Freien
13.15 - 13.30 "	Umziehen
13.30 - 13.45 "	Kaffeetrinken
13.45 - 15.15 "	2. Tagesschlaf
15.15 - 15.30 "	Anziehen, töpfen der Kinder
ab 15.30 "	Abholen der Kinder

Unser Stundenplan in der Kinderkrippe.

„Hab mein' Wagen vollgeladen ..."

Im „Sechssitzer" ging es vormittags je nach Wetterlage zum Spaziergang, der im pädagogisch exakten Tagesablaufplan „Frischluft-

Noch werden wir spazieren geschoben.

Und manchmal dekorativ auf dafür vorgesehene Sitzmöbel verteilt. Ein Foto als Geschenk für die Eltern.

aufenthalt" hieß. Jede Krippentante schob solch einen quirligen Sixpack vor sich her, so lange, bis wir alle ordentlich rote Bäckchen bekamen. Unsere Erzieherzugpferdchen übrigens auch. Ein bisschen hofften sie wohl, dass wir nach der ganzen frischen Luft so müde wären, dass wir freiwillig den planmäßig zweistündigen Mittagsschlaf ausnutzen würden.

Erzogen wurden wir auch zu Gemeinschaftssinn und kollektiver Zielstrebigkeit. Allerdings noch nicht vorrangig im sozialistischen Sinne, sondern zunächst einmal auf der „Topfbank". In einer Reihe wurden wir zum kleinen oder großen Geschäft angerichtet und wer selbiges verrichtet hatte, konnte wieder zum Spielen und Toben oder zur „Beschäftigung" aufstehen. Im Geiste des Wettbewerbs wollte natürlich keiner der Letzte sein. Neben dem gewünschten Effekt, uns so bald wie möglich von der Windel zu entwöhnen, hatte dieses Prozedere auch den Vorteil, dass uns recht früh klar wurde, dass eine Gemeinschaft immer nur so stark ist wie ihr schwächstes Glied.

In unserem Falle hieß das: Wer in der Topfbrigade trödelte, war schuld daran, dass die anderen zappelig wurden. Zumindest wenn es hieß, erst nach der Topfbank geht's raus auf den Spielplatz. Da war Mannschaftsleistung gefragt. Nach heutiger Definition wäre der Bummelant von uns wohl „gemobbt" worden. Aber so was gab es ja damals nicht. Wir haben die Langsamen nur zu besseren Leistungen motiviert. Oder – wenn alles nichts half – ein bissel geärgert.

Der Zusammenhang zwischen Topfbank und Rechtextremismus – wissenschaftliche Verdauungsstörungen

Die Topfbank hatte zwar zweckmäßig kurze Beine, aber wie sich herausstellte, einen recht langen Arm. Im Jahre 1999 kam ein Prof. Dr. Christian Pfeiffer nämlich dahinter, dass niemand anderes als die Topfbank schuld am erstarkten Rechtsextremismus in den Neuen Bundesländern gewesen sei. Die losgetretene „Töpfchendebatte" kreiste um die Frage, ob die Früherziehung in Gemeinschaft nun mehr als eine bräunliche Hinterlassenschaft gehabt habe oder nicht. Der Kriminologe und spätere Justizminister Niedersachsens hatte in der Magdeburger Volkstimme einen Zusammenhang zwischen der autoritären DDR-Erziehung und den in Ostdeutschland häufigen ausländerfeindlichen Gewalttaten hergestellt. Sein Werk „Fremdenfeindliche Gewalt im Osten – Folge der autoritären DDR-Erziehung?" stieß Arbeits- und Perspektivlosigkeit ostdeutscher Jugendlicher vom Erklärungsthron. Allerdings, schon 1990 hatte der Hallenser Psychotherapeut Hans-Joachim Maaz in einer Kollektivpsychoanalyse des ganzen DDR-Volks das Gleiche gesagt. Die „Töpfchenthese" wurde aus Freuds Theorie der „psychosexuellen" Entwicklung hergeleitet. Schon Einjährige, so Pfeiffer, seien in den Krippen der DDR zu festen Zeiten und gemeinsam auf den Topf gesetzt worden – ein Drill, eine „Vergewaltigung junger Seelen" mit verheerenden Folgen: „Gefühlsstau". Unter anderem führe er dazu, dass die aufgestauten Aggressionen an Ausgegrenzten abreagiert würden.

Wenn die Töpferei und Windelei vorbei war, dann waren auch wir uns wieder alle einig. Zumindest konnten wir ungestört Geburtstagskuchen futtern oder spielen.

Das Abenteuer beginnt

Zu schnell gehörten jene Zeiten der Vergangenheit an, in denen wir artig auf unserer Wickelunterlage liegen blieben, nicht während des Naseputzens unter den Küchentisch robbten oder plötzlich der Meinung waren, uns an Weihnachtsbaumästen emporziehen zu müssen. Denn je beweglicher wir wurden, desto schwieriger war es, uns überhaupt

Bei dem Geschaukel mit dem vielen Wasser drumrum bleib ich doch lieber auf Opas Schoß!

einzufangen. Ganz zu schweigen davon, dass wir an der vorbestimmten Örtlichkeit geblieben wären.

Was blieb der lieben Familie also anderes übrig, als unsere neu gewonne Freiheit zu unserem eigenen (und der Nachbarskatze) Schutz schon wieder einzuschränken. Die Tatwerkzeuge verkleideten sich hierzu meistens als Spielzeug damit wir so spät wie möglich unsere Gefangenschaft bemerkten. Beliebt war auch das gute alte Schaukelpferd oder die Krabbelbox, die sich wunderbar als Boxring oder vertikales Trampolin zweckentfremden ließ. Das Laufgitter war die traditionsreichere, wenn auch härtere Variante, bei der das Sich-Hinschmeißen doch etwas wehtun konnte. Der Vorteil lag aber ganz klar darin, dass es sowohl Indoor als auch Outdoor einsetzbar war.

Wenn der Hocker stehen bleibt, dann tu ich's auch.

Hopp, hopp, hopp, Pferdchen läuft Galopp, aber wir bleiben schön sitzen!

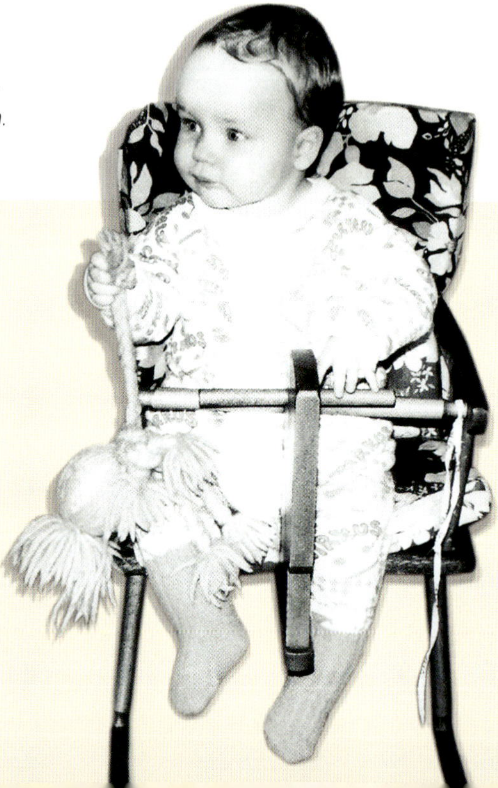

Das ist aber auch zum Schreien! Trockenplanschen im Badebassin.

Unsinnsbegrenzung

Im Freien übernahm manchmal der aufblasbare Kinderswimmingpool die Rolle des Kindergeheges. Diese Rolle spielte das Gummibecken zumindest so lange ganz gut, bis es Nachbars Lumpi, Schmidts Katze oder dem Rasenmäher zum Opfer fiel. Im einfachsten Falle wurden wir in unseren Hochstuhl verfrachtet, wo wir zumindest nur oberirdisch und mit begrenzter Reichweite Unsinn anstellen konnten. Ausgestattet mit einem Tablett war der Kinderstuhl ideal zum Malen, zum Essen oder zum Mit-dem-Essen-spielen, was bei uns irgendwie viel beliebter war als bei unseren Eltern (Gott sei Dank gab es Dederon-Schürzen.). Dieses Möbel war obendrein so schwer, dass wir toben konnten was das Zeug hielt. Außer einem roten Gesichtchen hatten wir davon nix. Wir kamen da erst raus, wenn wir wieder herausgehoben wurden. Manchmal, und das lernten unsere Eltern genauso schnell wie wir, war es weniger nervenaufreibend uns gewähren zu lassen. So lange es keine Verletzten gab, war die Welt in Ordnung und wir krabbelten, zupften, drehten und verknoteten, was das Zeug hielt.

Ich hab die Schokolade nicht! Ehrlich! Die Schürze verhinderte größeres Unheil.

Stofftiere, Sitztiere, Zootiere

Es war ja auch nicht so, dass wir uns nicht beschäftigen konnten. Zu unseren Spielzeuglieblingen gehörten Kuscheltiere in Teddy- oder

Unsere pflegeleichten Haustiere.

Der kleine Maulwurf.

Hundeform. Wir hatten kleine Tierchen aus Plaste mit Rädern, die sich wunderbar über Tisch und unter Bänke schieben ließen. Wir bauten Zoos und Bauernhöfe, jeweils mit passendem Getier, und konnten schon ganz prima Türmchen aus Bauklötzen errichten. Dabei war sowieso das Einreißen das Wichtigste. Nur beim Aufräumen, da wurden wir sehr schnell und zusehends müde.

Unsere Stars, unsere Schätze

Einer, der uns in unseren ersten Büchern, seltener im Fernsehen, und manchmal auf unseren Kinderzimmertapeten begegnete, war „Der kleine Maulwurf". Ebenso wie Elefant und Maus aus der Kindersendung – die allerdings vom Westfernsehen übertragen wurde –, erkannten wir ihn schon früh wieder. Wir verstanden weder die Fragen, die in der „Sendung mit der Maus" beantwortet wurden, noch konnten wir nachlesen, wie unser Freund aus der Tschechoslowakei nun zu seinen Hosen kam. Das machte aber gar nichts, denn wir freuten uns auch so über unsere ersten Bücher, deren Bilder – anders als die im Fernsehen – so schön bunt waren.

Alles aufheben

Dass wir unsere Bilderbücher ziemlich oft durchgeblättert haben, davon zeugen die Heftpflasterstreifen, mit denen sie geflickt

Krempelkiste aus frühester Kindheit.

und stabilisiert werden mussten. Überhaupt sind fast an allen unseren Kinderschätzen Gebrauchs- und Reparaturspuren zu finden. Unsere Eltern warfen unsere Lieblingsspielzeuge selten weg, auch wenn wir das Interesse verloren. Wenn genügend Platz da war, so kamen kistenweise Artefakte auf den Dachboden oder in den Keller. Oftmals wurden Anziehsachen oder Spielzeug auch an das nächste Baby der Familie weitergegeben, so lange, bis sie zu unseren kleinen Geschwistern wieder zurückkamen. Unwiderruflich verloren ging kaum etwas und Jahre später sollten wir beim Rumstöbern einen Riesenspaß haben, wenn wir angekaute Rasseln oder einohrige Spieltiere wiederfanden.

Prominente 1977er

11. Jan. **Anna Christina Friesinger,** deutsche Eisschnellläuferin.

13. Jan. **Orlando Bloom,** britischer Schauspieler.

24. Jan. **Michelle Hunziker,** Schweizer Moderatorin und Model.

2. Feb. **Shakira,** kolumbianische Sängerin.

2. April **Annett Louisan,** deutsche Sängerin und Musikerin.

14. Mai **Victoria von Schweden,** Kronprinzessin.

26. Mai **Luca Toni,** italienischer Fußballspieler.

21. Juli **Sarah Biasini,** französische Schauspielerin, Tochter von Romy Schneider.

19. Sept. **Emil Sutovsky,** israelischer Schachmeister.

19. Dez. **Samy Deluxe,** deutscher Rapper.

Wir sozialistischen Kindergartenkinder

1980-1982

Das 4. bis 6. Lebensjahr

Endlich im Kindergarten

Irgendwann gehörten wir in der Kinderkrippe zu den Großen. Wir waren mittlerweile stolze drei Jahre, konnten schon ziemlich viel alleine und wurden endlich Kindergartenkinder. Dass wir dort dann wieder die Kleinen sein würden, ging uns erst später auf. Stolz waren wir allemal, denn schließlich bekamen wir nun eine Brottasche um den Hals gehängt. Dieses Utensil beherbergte unser in Butterbrotpapier gepacktes Frühstück und eine Kleinigkeit für den Nachmittagskaffee. Dazu noch unser „Obstfrühstück", das aus Möhren, Äpfeln, Saft oder ausgelöstem Pampelmusenfruchtfleisch bestand. Die Brottasche galt als äußeres Zeichen dafür, dass wir eine erste soziale Hürde im Leben gemeistert hatten.

Es gab im Kindergarten meistens drei Gruppen, die ähnlich wie Schulklassen funktionierten. Während die „Kleine Gruppe" sich erst einmal auf dem Spielplatz behaupten musste, waren die von der „Großen Gruppe" schon fast Entlassungskandidaten. Für sie wurde es langsam ernst. Dreirad und Holz-

Die Form war bei allen gleich, über Farbe und Abziehbildchendeko durfte bei der Brottasche ruhig diskutiert werden.

Chronik

1. Januar 1980
Die DDR wird für zwei Jahre Mitglied des UN-Sicherheitsrats.

6. April 1980
In der Bundesrepublik Deutschland gilt erstmals die Mitteleuropäische Sommerzeit.

19. Juli – 3. August 1980
Die XXII. Olympischen Sommerspiele finden in Moskau /UdSSR statt. Aus Protest gegen den Einmarsch sowjetischer Truppen in Afghanistan verzichten 30 Staaten, darunter die USA und die BRD, auf die Teilnahme.

17. September 1980
In Polen wird die Gewerkschaft „Solidarnosc" gegründet.

13. Oktober 1980
Erhöhung des Zwangsumtauschs für Besucher aus dem Westen auf 25 DM pro Tag.

23. Mai 1981
In Bonn wird das erste Frauenmuseum der Welt eröffnet.

28. Juni 1981
Die ARD zeigt den ersten „Tatort"-Krimi mit Hauptkommissar Horst Schimanski, gespielt von Götz George.

29. Juli 1981
Der britische Thronfolger Prinz Charles und Lady Diana Spencer heiraten in der Londoner St. Pauls Cathedral.

24. April 1982
Mit dem Titel „Ein bißchen Frieden" gewinnt die Sängerin Nicole aus Neunkirchen den „Grand Prix Eurovision de la Chanson".

1. Oktober 1982
Helmut Kohl wird Bundeskanzler und kündigt bei seiner ersten Regierungserklärung die Fortführung guter Beziehungen zur DDR an.

20. November 1982
Die Transit-Autobahn Hamburg-Berlin und der Grenzübergang Heiligensee werden eröffnet.

Schubkarre, Eimerchen und Holzroller gehörten zur Außeneinrichtung auf dem Kindergartenspielplatz.

roller wichen nun dem Fahrrad (zu Beginn mitunter mit Stützrädern) und so langsam wurden wir ziemlich selbstständige kleine Personen, die durchaus ihren eigenen Kopf und Willen hatten.

Alleine machten wir uns noch nicht auf den Weg, aber lange wird es nicht mehr dauern.

Ostern im Kindergarten mit aus Fit-Flaschen gebastelten Osterkörbchen.

Feste Feiern

Nachdem wir nun jeden Morgen in den Kindergarten gebracht wurden, gab es neben dem alltäglichen Mittagsschlaf, Gruppenbeschäftigung oder Spaziergängen allerhand zu feiern. Der Geburtstag eines Kindergartenfreundes wurde stets mit Kuchen und Gesang begangen. Das Geburtstagskind wurde auf einen Stuhl in die Mitte des Raumes gestellt, und so konnte es besungen, beklatscht und beglückwünscht werden. Danach gab es für alle Kuchen. Das Geburtstagskind bekam das erste Stück und durfte an diesem Tag Bestimmer sein, wenn es ans Spielen ging.

Republik-Geburtstag

Manchmal ließen wir auch Geburtstagskinder hochleben, die gar nicht anwesend waren oder die wir nicht mal kannten. Die Gründe waren vielfältig, aber teilweise etwas undurchsichtig. Einmal im Jahr, und zwar am 7. Oktober, ordnete uns die Kindergärtnerin mit feierlicher Miene in einen Stuhlkreis. Sie verkündete, heute würde der Geburtstag der Republik gefeiert. Dazu hielt sie ein rundes Bildchen in die Höhe, mit Werkzeug drauf und von einem Kranz eingerahmt. Sie fragte, ob wir wüssten, wer die Republik sei. Die Älteren wussten es natürlich. Wir Kleinen, die das zum ersten Mal mitmachten, hofften in diesem großen Moment nur, dass die Republik endlich erscheinen und sich das ihr zustehende erste Stück Kuchen abholen möge, damit wir auch davon essen konnten. Sie tat es nicht! Bei den Geburtstagsgesängen stand sie nicht auf dem Stuhl, durfte auch nicht an ihrem Ehrentag Bestimmer beim Spielenachmittag sein. Selber schuld. Der Republik hat das aber scheinbar nichts ausgemacht und im nächsten Jahr wunderten wir uns nicht mehr über den Republikgeburtstag. Den Kuchen haben wir auch ohne sie gegessen.

Feiern zu Ehren der Republik

Im Arbeiter- und Bauernstaat vergaß man auch das Hochleben und Jubeln, das Anstoßen und Lobreden nicht. Bereits 1967 waren mit Einführung der Fünf-Tage-Woche Ostermontag, Buß- und Bettag, Christi Himmelfahrt und der Tag der Befreiung als arbeitsfreie Tage weggefallen. Aber uns blieben neben den übrigen fünf gesetzlichen Feiertagen noch die reichlich 50 Ehren- und Gedenktage. Zu den bekannteren, von denen auch wir Kindergartenkinder indirekt was hatten, zählten der Internationale Frauentag am 8. März oder der Internationale Kindertag am 1. Juni. Daneben wurden solche Feierlichkeiten wie der Tag der Werktätigen des Fernmeldewesens und der Post (8. Februar), der Tag der Gründung der SED (21. April), der Tag der Seeverkehrswirtschaft (13. Oktober) und der Tag der Grenztruppen der DDR (1. Dezember) begangen. Davon merkten wir aber nichts.

Und heiter geht es weiter

Auch zu Hause gab es in regelmäßigen Abständen was zu feiern. Wir Kindergartenkinder waren inzwischen so weit alltagstauglich, dass wir nicht nur inmitten der Familie die Festivitäten genossen, sondern auch tatkräftig mit anpackten, wenn es an die Vorbereitungen ging. Vor allem die Vorweihnachtszeit war für uns aufregend. Auch wegen der Heimlichtuerei, die die Erwachsenen veranstalteten, wenn sie abends nach Hause kamen und wir partout nicht beim Auspacken der Dederon-Einkaufsbeutel dabei sein durften.

In der Weihnachtsbäckerei

Gemeinsam Weihnachtsplätzchen zu backen, war ein großes Abenteuer. Schon beim Teigkneten und beim „die Küche mit Mehl dekorieren" nahmen wir mit Feuereifer teil. Die Kür jedoch war das Ausstechen der Plätzchen. Tannenbäume, Weihnachtsmänner, aber auch Herrn Fuchs und Frau Elster zauberten wir mithilfe der kleinen Alu- oder Plasteförmchen. Manchmal durften wir sogar wach bleiben, bis die ersten Bleche im Gasherd bräunlich zu werden begannen und verführerisch durch

Ab und zu eine Brause zur Stärkung – das Schönste am Maiumzug.

Ein Weihnachtsgeschenk für Mutti.
So artig waren wir selten.

die ganze Wohnung dufteten. Dann aber hieß es schlafen gehen und wir verließen das heimische Küchenchaos aus Teiglöffeln und Rührschüsseln. Wenn wir am nächsten Tag zur zweiten Schicht antraten, die daraus bestand, unsere nunmehr ausgekühlten Plätzchen mit allerlei buntem Zuckerguss, Puderzucker oder Nüssen zu verzieren, war die Küche jedes Mal wie von Zauberhand wieder blitzblank und aufgeräumt.

Oh du fröhliche ...

Etwas, das nicht in unseren Hoheitsbereich fiel, sondern zumeist Papa graue Haare bescherte, waren die Weihnachtsbaumbeschaffungsmaßnahmen. Hatte er endlich bei der örtlichen Weihnachtsbaumverteilungsstelle eine „Krücke" erstanden, so war diese entweder zu breit für die vorgesehene Ecke, zu hoch, zu sehr nach Westen geneigt oder hatte ganz und gar zwei Baumspitzen. Das machte uns jedoch wenig aus. Mit kiloweise Weihnachtskugeln, Unmengen von Stanniollametta und einer, vorzugsweise bunten, Lichterkette wurde jeder noch so ärmliche ehemalige Schonungsbewohner zu einem unvergleichlich schönen Weihnachtsbaum.

Die Kugeln passten freilich nie zueinander, denn so manches Erbstück aus Urgroßmutters kaiserlichen Zeiten hing einträchtig neben dem neuesten Schrei in Weihnachtsmannform. Auch beim Lametta war Vorsicht geboten, denn die Stanniolstreifen waren federleicht und flatterten bei Zugluft schnell auf den Festtagstisch. Es sei denn, sie waren noch vom Vorjahr, dann waren sie so ineinander verknittert und verhakt, dass man sie als „Nester" auf die Zweige drapieren musste. Anderenfalls war eben Bügeln angesagt, wenn man wenigstens bis nach der Bescherung glattes Lametta haben wollte.

Ein Augenblick, der ebenfalls Humor verlangte: Der Baum war fertig angeputzt, doch die Lichterkette wurde plötzlich dunkel. Oder sie fiel genau während der zweiten Strophe von „Ihr Kinderlein kommet", vorgetragen vom häuslichen Kammerchor, aus. Dann sprangen unsere Kinderaugen ein, die trotz allem zu Weihnachten immer festlich leuchteten. Manche der Ost-Lichterketten – die teuren von Narva – funktionieren allerdings noch heute.

Der Schwibbogen vom Fleischer

Zu den heiß begehrten Weihnachtsutensilien gehörte auch ein Schwib- oder Lichterbogen. Da die erzgebirgischen Originale oft in den NSW-Export gingen, also ins Nicht-Sozialistische Wirtschaftsgebiet, musste man sich anders behelfen. So manch findiger Heimwerker spezialisierte sich nach Feierabend auf Laubsägearbeiten. Richtige Tüftler bauten hierzu alte Singer-Nähmaschinen um. Anstelle der Nadel setzten sie das Sägeblatt einer Stichsäge ein, an welches man wiederum nur sehr schwer und wahrscheinlich mithilfe eines versprochenen Schwibbogens herankam. Einige erbastelten sich auf diese Art ein recht ansehnliches Zweiteinkommen, auch wenn sie hauptberuflich ganz was anderes machten.

Zu Tisch, bitte!

Nicht nur zu Weihnachten, sondern zu sämtlichen Festivitäten waren Speis und Trank ein wichtiges Thema. Die familieninternen Festtagsmenüs unterschieden sich zwar von Haushalt zu Haushalt, sicher war jedoch, dass es eingewecktes Obst als „Kompott" gab. „Desserts" gab es erst ein paar Jahre später. Etwas, das vor allem denjenigen von uns im Gedächtnis geblieben ist, deren Familien regelmäßig „den Rost anbrannten" war nicht nur die Bratwurst, sondern auch die Schaschlik-Spieße. Nach dem Schnippeln der Zutaten wurden diese auf Holzspieße gesteckt, immer schön abwechselnd. Weil das eine Heidenarbeit war, saß schon vorher die ganze Familie nebst Freunden und Bekannten am Tisch zusammen. Eigentlich fingen Feste solcher Art sowieso schon beim Vorbereiten an und für uns Kinder war es nicht zuletzt deshalb lustig, weil keiner so genau darauf achtet was wir uns so alles stibitzten.

Tradition und Fortschritt

Zu trinken gab es zum Beispiel „Im Nu"-Kaffee und zu festlichen Anlässen gehörte auch

Ein Stück Fleisch, eine saure Gurke, keins fallen lassen.

Kinderfasching war sowohl zu Hause als außerhalb DAS Ereignis zum Sehen und Gesehenwerden.

selbst geschlagene Schlagsahne. Das mühselige Schlagen per Hand oder Handrührgerät (zwei Schneebesen, die durch heftiges Kurbeln auf Trab gebracht wurden) sollte durch den Schlagsahnesiphon ein Ende haben. Eine Errungenschaft, auf die etliche unserer Eltern überaus stolz waren. Laut Gebrauchsanleitung hörte sich das alles nämlich ziemlich einfach und effizient an. Sahne rein, Zucker dazu, Kohlendioxidpatrone ran – fertig. In der Praxis sah es natürlich so aus, dass diese Dinger so gut wie nie funktionierten.

Die Männer der Familie scharten sich kurz vorm Kaffeetrinken um die silberglänzende neue Technik, schraubten, kratzen sich am Kinn und stellten schließlich mit Kennerblick fest, dass es an der Gaspatrone läge. Diese müsse eben ausgetauscht werden. Mutti oder Oma hatten inzwischen längst das Handrührgerät aktiviert, Kaffee und Eisbecher waren gerettet. Der Siphon wurde wieder in den Schrank geräumt, denn bis so eine benötigte Neupatrone besorgt war, kam mit Sicherheit schon fast der nächste Weihnachtsmann um die Ecke.

Heimvorteil: Handarbeit

Dass Handarbeit und Handwerk gegenüber vorgefertigter Industrieware durchaus ihre Vorteile hatten, sah man uns und unserer kleinen Welt sehr wohl an. Wenn Mama beispielsweise unsere Faschingskostüme aus Stoffresten selber nähte, dann konnten wir davon ausgehen, dass das Biene-Maja-Kostüm detailgetreu einen Schaumgummistachel hatte und ein kleines Teufelchen nicht ohne eine Gabel aus dem gleichen Material sein Unwesen treiben musste. Auch eine Hexenkrummnase oder Schmetterlingsflügel, die dann gleichzeitig als Hinplumpsfederung dienten, konnten unseren Verkleidungen beigesteuert werden. Uns inter-

Wir sind keine Babys mehr! Dafür in Lederhose oder im Partnerlookkleidchen aus der heimischen Nähstube.

essierte es zwar wenig, aber auf diese Art wurde auch die Haushaltskasse geschont und Mama hatte wieder einmal eine Nebenbeschäftigung an langen Fernsehabenden.

„Ich kann das alleine!"

Egal ob Weihnachten, Ostern, Silvester oder Geburtstag, vorbei waren die Zeiten, in denen wir passiv bestaunten, was die Erwachsenen zu unserer und ihrer Unterhaltung so trieben. Wir vier- und fünfjährigen Stöpsel bestanden mittlerweile darauf, jedwede Geschenke selbst aus- und manchmal sogar einzupacken. Wir machten uns selbstständig unter anleitenden Kommentaren wie „Ganz kalt!" und „Jetzt wird es schon wärmer!" auf die Suche nach unseren Osterkörbchen. Die Wunderkerzen zu Silvester jagten uns schon längst keine Angst mehr ein und die Mutigen unter uns trauten sich, den von Papa angezündeten Blitzknaller der Marke „Filou" mit ihm gemeinsam in sichere Entfernung zu werfen.

Unsere wachsende Selbstständigkeit und der eigene Wille stellten unsere Lieben allerdings vor das Problem, dass wir nunmehr hellwach mitbekamen, was sich in den jeweiligen Geschenken befand. Vorbei waren nämlich die Zeiten, in denen die uns zugedachten Päckchen dafür da waren, unsere Eltern zu Ausrufen des Entzückens zu verleiten. Bunte Lätzchen und Strampler oder gar die begehrten Windeln lockten uns nicht mehr aus der Reserve.

Praktisches und was zum Spielen

Wir wussten sehr genau, dass wir einen Turnbeutel, neue Malstifte oder „Plasteline" für den Kindergarten brauchten. Das erwarteten wir

Der Montschitschi damals als niegelnagelneues Geschenk …

… und heute im Sammelsurium der Erinnerungsstücke, gemeinsam mit seinem Kumpel, dem Messemännchen.

also zu einer der jeweiligen Geschenksituationen und nahmen diese Präsente mit huldvollem Blick entgegen. Zum anderen gab es natürlich immer die Wünsche nach Spielzeug, die nur in Erfüllung gingen, wenn wir ganz artig gewesen waren. Dass wir lautstark schon Wochen vorher kundgetan hatten, ohne eben jenes Spielzeug nicht mehr leben zu können, gehörte zum Ritual. Da es Anfang der 80er Jahre noch Winter mit Schnee gab, stand zum Beispiel ein Schlitten auf unserer Liste. Am Weihnachtsabend fuhren wir auch gern eine Runde über Omas Teppich. Ein Montschitschi musste ebenfalls sein, sofern er nicht schon längst im Kinderzimmer ein Zuhause gefunden hatte.

„Und dort, wo der Wald sieben Tage tief ist …"

… dort wächst der Traumzauberbaum. Die „Geschichtenlieder für Kinder" von Reinhard Lakomy wurden zu genau jener Zeit, als wir sehr wachsam über unsere Geschenke urteilten, an fast jedes 77er Kind zu irgendeinem Anlass verschenkt. Traf es uns nicht selbst, so waren unsere kleinen Geschwister, die viele von uns mittlerweile bekommen hatten, die neuen stolzen Besitzer einer Kassette oder Schallplatte, die fortan Herrn Fuchs' und Frau Elsters Abenteuern Konkurrenz machten. Moosmutzel und Waldwuffel waren unsere Helden, die zwar manchmal über die Stränge schlugen, aber am Ende ihre Fehler nicht nur einsahen, sondern sogar selber geradebogen.

Allein oder mit unseren Kindergartenfreunden fieberten wir jedes Mal mit, ob Zausel der Wolkengeist sich noch einmal besänftigen lassen würde. Wir lachten über Frau Bemme, freuten uns über die Mondsilbertaufe und hatten Angst vor den schwarzen Traumblättern. Das Einzige, worüber wir uns wunderten, war das Lied über den Eierbecher, der „schön aus Holz und bunt bemalt, anders als die andern halt" war. Bei uns gab es solche

Diese drei liefen in Dauerschleife in heimischen Kassettenrekordern. Wir bekamen einfach nie genug von Herrn Fuchs, Frau Elster und dem Traumzauberbaum.

Eierbecher nämlich selten. Wir kannten die ganz normalen, die Mutti immer auf den Tisch stellte, und die, gegen die wir sie heimlich austauschten: Lustige Eierbecher in Hühnerform, in den Farben rosa oder hellblau. Mutti räumte diese meistens wieder in den Schrank und wir lernten das neue Wort „Kitsch" kennen.

Zehn vor sieben

Auch unter Wettkampfbedingungen gegen den „Traumzauberbaum" blieben Herr Fuchs und Frau Elster eine Institution für uns. Wir kannten die beiden nicht nur als zickiges Märchenwaldpärchen, das gemeinsam mit Borstel, Onkel Uhu, Hoppel und Meister Schwarzrock um den größten Pilz, die Rettung des Waldmuseums oder die Heilung einer Erkältung kämpfte. Neben der ständigen Präsenz im heimischen „anett"-Kassettenrekorder gehörten sie auch zum Team unseres Sandmännchens.

Täglich um 18.50 Uhr reiste der spitzbärtige Geselle mit der mondsichelförmigen Mütze in sämtliche Winkel der Welt und in unsere Wohnzimmer. Als Gepäck hatte er seinen Jutesack mit Schlafsand dabei. Wenn er „Gute Nacht" sagte und dabei Sandwolken in unsere Augen streute, war unser Tag zu Ende. Manchmal versuchten wir standhaft zu bleiben – wir hielten uns die Augen zu oder schauten in die andere Richtung. Genützt hat es nicht viel. Wir mussten trotzdem ins Bett gehen. Unsere schon halb zugefallenen Äuglein verrieten uns jedes Mal.

„Ihich wünsch euch gutehe Naaaacht."
Unser Sandmännchen in Aktion.

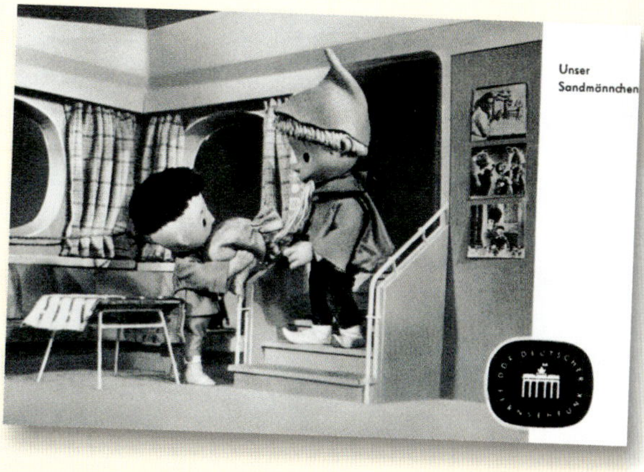

der Reise an und wenn alles gut ging, hatte man einen Platz in einem der Betriebsferienheime oder über den FDGB sicher. Dafür gab es schließlich die Ferienschecks.

Um unseren Erlebnishorizont zu erweitern, wurden Küstenkinder vorzugsweise in bewaldete Mittelgebirgslandschaften, das zänkische Bergvolk hingegen zwischen Sanddünen und Strandkörbe verfrachtet. Das hieß, unsere Familien fuhren kollektiv von Norden nach Süden und umgekehrt, wenn es in den Urlaub ging.

Kleine Verschnauf- und Ausstreckpause.

Der Traum der großen und der kleinen Jungs. Womit man wohl schneller ankommt?

FDGB-Urlaubsreisen

Unsere Welt der Urlaubsmöglichkeiten mag begrenzt gewesen sein, die Strapazen waren oftmals groß. Es war ein beruhigendes Gefühl, dass man durch einen „Ferienscheck" des Freien Deutschen Gewerkschaftsbundes (FDGB) Anrecht auf einen bestimmten Urlaubsplatz zu einem bestimmten Zeitpunkt hatte. Die Ferienplätze waren staatlich subventioniert, sodass Geringverdiener maximal ein Drittel des eigentlichen Preises für Unterbringung und Verpflegung zu bezahlen hatten. Begehrte Urlaubsziele waren FDGB-Heime in Thüringen, im Harz, an der Ostsee oder an der Müritz. Anträge von Familien wurden hierbei bevorzugt behandelt. Der FDGB vermittelte allein 1982 1,7 Millionen Urlaubsreisen, besaß 695 Erholungsheime und betrieb das Urlaubsschiff „Arkona".

Gerattert hat es immer

Die Anreise allein war schon ein Abenteuer für sich. Wer Glück hatte, besaß einen fahrbaren Untersatz. Wenn jener bis unters Dach vollgepackt war mit uns, dem Urlaubsgepäck und Reiseproviant in Mengen, die locker eine ganze Maurerbrigade verpflegt hätten, ging es meist in aller Frühe los, um auch ja noch am ersten Urlaubstag anzukommen. Viele von uns fuhren allerdings mit der Reichsbahn, in der man in Stoßzeiten tunlichst Platzkarten kaufen sollte, wollte man die Strecke Erfurt-Rostock nicht auf dem eigenen Campingbeutel sitzend verbringen.

Wir Kinder wurden bereits kurz nach Mitternacht von Mutti aus dem Bett gescheucht und in das bestellte Taxi zum nächsten Bahnhof verladen. Das war gleichzeitig eine der seltenen Gelegenheiten, wo man mal einen

Luxusschlitten der Marke „Wolga" von innen zu Gesicht bekam. Oder man fuhr gleich abends los und verbrachte eine Nacht auf Schienen. Wir gewöhnten uns daran, den ersten Urlaubstag zur Hälfte unter Rattern und Schütteln, Ruckeln und Hopsen zu verschlafen. Denn ob man nun mit dem familieneigenen Vehikel über die Platten der Autobahn oder mit dem Zug über die maroden Gleisstrecken zuckelte, der Unterschied war nicht so groß.

Rot, braun, grün, lila, blaauu, blaauu: So lernten wir Triola spielen.

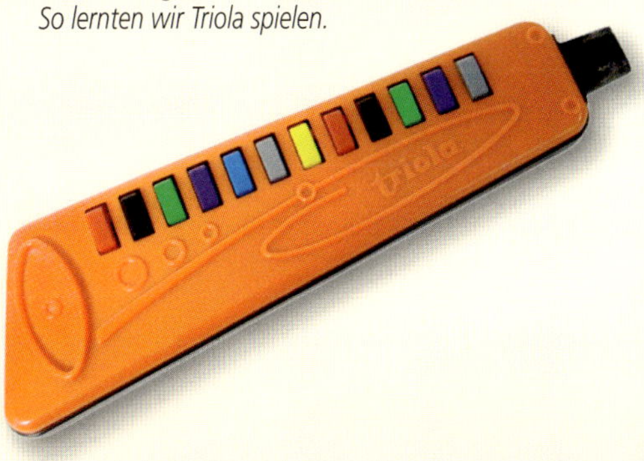

Drei-Achtel-Witze

Was nicht zur angestrebten, aber allgemeinen Bildung gehörte, waren Witze. Wir begannen alles Mögliche aufzuschnappen und weiterzuplappern. Neben den typischen „Fritzchen-Witzen" fanden wir die „Honni-Witze" am besten. Im Volksmund wurden sie auch Drei-Achtel-Witze genannt – Acht Jahre (Knast) für den, der sie in der Kneipe erzählte und drei Jahre für den, der lachte. Ganz so schlimm war es natürlich nicht. Schon gar nicht für uns. Wir durften weiterhin im Sandkasten vom Häschen erzählen, das drei Tage hintereinander zum Bäcker kommt und fragt: „Hattu Möhren?". Der Bäcker droht ihm, er würde es „an die Wand klatschen" wenn es noch einmal mit so einer dämlichen Frage käme. Häschen hört natürlich nicht, kommt und fragt erneut, wird an die Wand geklatscht und findet sich dort neben dem gerahmten Portrait des Genossen Honecker wieder. Sein Kommentar: „Na Honni, wolltste ooch Möhren koofen?"

Der Holzbaukasten forderte uns immer wieder aufs Neue heraus.

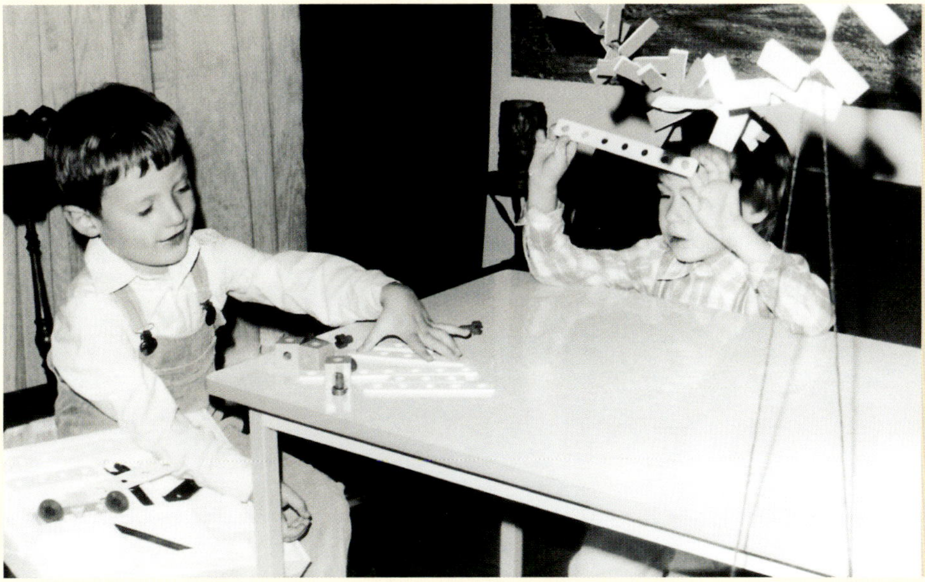

1983–1986

„Seid bereit, ihr Pioniere“

Das 7. bis 10. Lebensjahr

Endlich!

Die Schultüte oder auch Zuckertüte war für uns das Allerwichtigste bei der ganzen Schuleinführung. Schon während der Begrüßungsrede wanderten unsere Augen immer wieder in Richtung der bunten Gebilde, die nicht selten ein Kuscheltier oder ein Spielzeug obenaufgebunden hatten. Dann war es endlich so weit und man hielt die Zuckertüte mit beiden Armen und ganzer Kraft aufrecht, denn nicht selten waren die Dinger von ähnlicher Größe und Gewicht wie der stolze Besitzer. Bevor es jedoch ans Auspacken ging, wurden wir mit der intakten Konstruktion mehrfach fotografiert. Mal mit, mal ohne Klassenkameraden. Mal mit, mal ohne Familienmitglieder.

Eigenartigerweise haben etliche von uns ihre Zuckertüten nicht im Beisein unserer Eltern bekommen. Während wir uns nämlich in die

Lange festhalten war nicht drin ...

Chronik

21. April 1983
Zum 500. Geburtstag von Martin Luther wird die restaurierte Wartburg wiedereröffnet.

25. Oktober 1983
Udo Lindenberg gibt ein Konzert im Palast der Republik in Ostberlin.

18. Februar 1984
Die DDR hat die erfolgreichste Mannschaft der Olympischen Winterspiele in Sarajewo mit neun Gold-, neun Silber- und sechs Bronzemedaillen.

11. März 1985
Michail Gorbatschow wird Parteichef in der Sowjetunion.

16. April 1985
Die Regierung der DDR erlaubt dem Nachrichtenmagazin „Der Spiegel" die Wiedereröffnung eines Büros in Ost-Berlin, welches Anfang 1978 von den Behörden wegen des Abdrucks eines regimekritischen „Manifests" geschlossen worden war.

11. Juni 1985
Auf der Glienicker Brücke zwischen Westberlin und Potsdam findet der größte Agentenaustausch seit 1945 statt: 25 Westagenten gegen vier Ostagenten.

7. Juli 1985
Boris Becker gewinnt als bislang jüngster Tennisspieler und als erster Deutscher das Tennisturnier in Wimbledon/England.

1. September 1985
Ein Team von französischen und US-amerikanischen Forschern findet in fast 4000 m Tiefe vor der Küste Neufundlands das Wrack des 1912 gesunkenen britischen Passagierdampfers „Titanic".

28. Januar 1986
Kurz nach dem Start explodiert die amerikanische Raumfähre „Challenger". Alle sieben Besatzungsmitglieder kommen ums Leben.

26. April 1986
In dem Kernkraftwerk von Tschernobyl nördlich von Kiew/UdSSR schmilzt der Reaktorkern und verursacht die bisher größte Katastrophe in der Geschichte der friedlichen Nutzung von Atomenergie.

... abstellen auch nicht – wegen der schönen Spitze. Also schnell nach Hause und auspacken.

Ob wir den Banknachbarn behalten durften, das wurde anhand der Schwatz- und Störrate entschieden.

Erstklässlerbankreihen verteilten, blieben die Eltern draußen vor dem Schulgebäude stehen. Was aus heutiger Sicht überhaupt keinen Sinn macht, war damals ziemlich normal. Schließlich sollte es keine Kompetenzstreitereien geben. Waren wir zu Hause, so hatten die Eltern das Sagen. In der Schule die Lehrer. Im Krankenhaus die Ärzte. Aufmucken war weder von unserer noch von Elternseite erwünscht. Aber das wurde uns erst später klar.

Rechenstäbchen, Turnbeutel, Füller

Meistens fanden wir in der Zuckertüte einen Teil unserer Schülererstausstattung. Vielleicht waren es bunte Rechenstäbchen, denn die Rechentafel mit den bunten Perlen wäre doch zu sperrig gewesen. Oder eine neue Packung Filzstifte „Markant", die es in der kleineren Grundausführung oder für die Profis mit ganz vielen Farben gab. Manche von uns bekamen auch einen Füller, das allererste Schreibgerät, mit in die Zuckertüte. Und da das etwas ganz Besonderes war, kam es vor, dass es sich bei jenem um eins der Marke „Pelikan" handelte. Die gab es für sorgsam gehütete Westmark im Intershop. Ein paar Süßigkeiten aus dem Delikat-/Feinkostladen (im Volksmund auch „Fress-Ex" genannt) waren vielleicht auch noch drin.

Alle schön der Reihe nach

Schon ab dem ersten Schultag wurden wir mit der Schulordnung bekannt gemacht. Es wurde alles geordnet, vor allem aber wir selbst. Morgens am Schulbus entschied die Ranzenreihe unnachgiebig darüber, wer als Erster in den Bus einsteigen durfte und in welcher Reihenfolge die anderen ihre Sitzplätze suchen konnten. Je nach Ankunftszeit an der Bushaltestelle wurden alle Schulranzen hintereinander auf den Boden gestellt. Danach konnten wir noch, bis der Bus kam, herumtollen. Unsere Position beim ordentlichen Einsteigen war uns sicher. Die ganz Eifrigen legten die letzten Meter manchmal noch im Sprint zurück, auch wenn es nur um die Qualifikation für den dritt- oder vorletzten Platz in der Ranzenreihe ging.

Im Bus herrschte allerdings die interne Rangordnung. Die Plätze ganz vorn waren heiß begehrt. Die in der letzten Reihe auch. Aber die hintere Reihe war für uns damals noch völlig tabu, denn da saßen die Großen. Wir arbeiteten uns Jahr für Jahr immer weiter nach hinten und irgendwann würden wir es endlich geschafft haben. Kein Großer sollte uns dereinst die letzte Reihe mehr streitig machen. Aber das lag noch in weiter Ferne.

„Ex" und „Fress-Ex"

Exquisit", so hieß der Laden, in dem die gehobene Gesellschaft einkaufen ging. Manchmal, zu ganz besonderen Anlässen, ging auch der Durchschnitt ins „Ex". Erwachsene konnten sich dort wahnsinnig teure Klamotten kaufen. Diese wurden dann zu ganz besonderen Anlässen präsentiert und dazu fiel noch der Satz „Das ist aus dem Ex".

In den Delikat-/Feinkost-Läden (im Allgemeinen Fress-Ex genannt) stand mehr Durchschnittsvolk Schlange. Dort gab es Ananaskonserven, echte ungarische Salami, Weinbrand Marke Helios (40 Mark pro Flasche, was locker mal fünf bis zehn Prozent des Monatsnettoeinkommens ausmachte) und andere feine Sachen. Auf eben diesen Delikat-Einkauf haben unsere Eltern richtig gespart und ihn dann auch genossen – in Form von Ölsardinen, delikaten Salaten (die es heute als Sonderangebot im Supermarkt gibt), Erdnussflips oder Preiselbeer-Marmelade.

Ab jetzt waren wir organisiert und kollektiviert und außerdem furchtbar stolz, endlich dazuzugehören.

Antreten und Bankrutschen

Das Durchordnen und Reihenbilden, mal mit, mal ohne Abzählen, gehörte auch zum Alltag im Unterricht. Im Sport wurde traditionell der Größe nach geordnet, wobei wir nach den Ferien immer stolz waren, wenn wir in der Reihe einen Platz aufrücken konnten. Ansonsten traten wir fein säuberlich in aufsteigender Körperhöhe an der weißen Linie an, um ein zackiges „Sport frei!" zu schmettern. Bei Gängen ins Schwimmbad, zur Patenbrigade oder sonstigem Verlassen des Schulgeländes hieß es immer: „Abzählen, in Zweierreihen antreten, anfassen und los". So konnte sich der Klassen- oder Hortleiter sicher sein, dass niemand verloren ging.

Im Matheunterricht war das Bankrutschen ein beliebtes Spiel, um uns selbst und unseren Mitschülern Stärken und Schwächen im Kopfrechnen aufzuzeigen. Angefangen wurde an der Wandreihe ganz hinten. Der Gewinner durfte eine Bank nach vorn „rutschen" und mit den nächsten beiden um die Wette rechnen. So ging das einmal durch den Klassenraum. In der Pause wurden dann die jeweiligen „Rutscher" verglichen und meist hatten wir genügend Motivation, beim nächsten Mal mindestens einen Punkt mehr zu errechnen.

Der 13. Dezember – Endlich Pionier

Ganze drei Monate hatten wir noch warten müssen. Obwohl wir schon Schulkinder waren, konnte man uns das noch gar nicht richtig ansehen. Wir waren zu den Schulstunden

Das muss wohl nach dem „Rührt euch!" gewesen sein. So sah kein „Stillgestanden" aus.

Ein Pionier war stets dienstbeflissen. Auch freiwillig.

zwar schon bereit, aber sagten zur Begrüßung vor der Schulstunde noch schnöde „Guten Morgen" und nicht etwa die schwungvolle Formel „Seid bereit! – Immer bereit!" Die Pionierbluse hatten wir vielleicht schon im Schrank hängen, manche von uns waren sogar Besitzer des blauen Käppis, aber angezogen wurde die schicke Uniform vor dem 13. Dezember auf keinen Fall. An diesem Tag bekamen wir endlich unser blaues Halstuch, den Pionierausweis und das Statut ausgehändigt. Manche der darin vermerkten Regeln verstanden wir noch nicht richtig, aber dafür hatten wir ja noch genügend Zeit. Wir Jungpioniere hatten zunächst erst mal nur zehn Gebote zu befolgen. Wir lernten viele Lieder, hatten Pioniernachmittage (immer mittwochs nach dem Unterricht) und bekamen unsere ersten Pionierauszeichnungen.

In Zweierreihen

Obwohl uns das Durchordnen, Anstellen und Antreten spätestens in der zweiten Klasse in Fleisch und Blut übergegangen war, klappte es beim Appell auf dem Schulhof nicht so richtig. Zwischen den Klassen wurde nie der vorgeschriebene Abstand eingehalten. Wir liefen generell zu langsam oder nicht in der Reihe. Irgendein Pionierhemd war schmutzig, ein Käppi saß schief oder jemand schwatzte. Unsere Klassenlehrer hatten nach den Appellen meist schlechte Laune. Die Pionier- und Schulleiter auch. Wir wurden also mal wieder „Hammelherde" genannt, und wie bei einem Komparsendreh zurück in Ausgangsposition geschickt. Es half nichts. Wir traten noch einmal an. „Dieses Mal aber ordentlich!" Dieses Prozedere war uns nur dann gar nicht so unrecht, wenn im Klassenzimmer eine Mathearbeit lauerte. Oder ein 1000-Meter-Lauf im Sportunterricht.

Wir Hortkinder

Die wenigsten von uns gingen nach dem Unterricht direkt nach Hause. Es gab später zwar „Schlüsselkinder", aber die meisten blieben nachmittags im Hort. Gerade die Landeier unter uns wurden dann später mit dem Schulbus wieder auf die „Klitschen" (Dörfer) verteilt. Muttis, die daheim mit dem warmen Essen am gedeckten Tisch auf den erlauchten Nachwuchs warteten, kannten wir so gut wie gar nicht. Eigentlich war der Hort dafür gedacht, dass wir gemeinsam unsere Hausaufgaben erledigten und bis Feierabend beaufsichtigt wurden.

Manche brauchten keine Hilfe, sondern nur ein wachsames Auge. Andere bekamen Unterstützung, teils von den Mitschülern, teils von den Hortnerinnen. In der ersten Klasse war das freilich noch nicht so brisant. Dafür gab es den Mittagsschlaf – fast ebenso unbeliebt wie Hausaufgaben. Nicht selten gab es „Einträge" wegen „Schwatzen statt Schlafen". Unsere Eltern nahmen dies zur Kenntnis und versicherten uns, später würden wir uns den Mittagsschlaf mal zurückwünschen. Wir haben ihnen kein Wort geglaubt. Jedenfalls nicht, bevor wir nicht selbst irgendwann in der Oberstufe waren.

Bienchen und Kopfnoten

Neben den Leistungsnoten für die Fächer gab es im DDR-Schulsystem auch die Kopfnoten für Betragen, Ordnung, Mitarbeit und Fleiß. Für extra gute Führung oder freiwillig übernommene Aufgaben gab es die heiß ersehnten Bienchen. Der Renner waren hier Wandzeitungen oder die Gestaltung unserer Heimatkundehefter zu einem selbst gewählten Thema. Fürs Altpapiersammeln gab es ein „P" auf der Klassenliste und jeder versuchte so viele wie möglich davon zu erhaschen. Für uns war das normal, so ähnlich wie die „Beurteilung" auf dem Jahresendzeugnis. Nach der Wende wurden diese wettbewerbsfördernden Maßnahmen abgeschafft, denn sie galten als autoritär und irrelevant im schulischen Leistungsspiegel. Interessanterweise sehen einige Behörden das mittlerweile wieder anders. Fleiß, Teamfähigkeit oder Sozialverhalten finden sich inzwischen in einigen Bundesländern wieder auf dem Zeugnis.

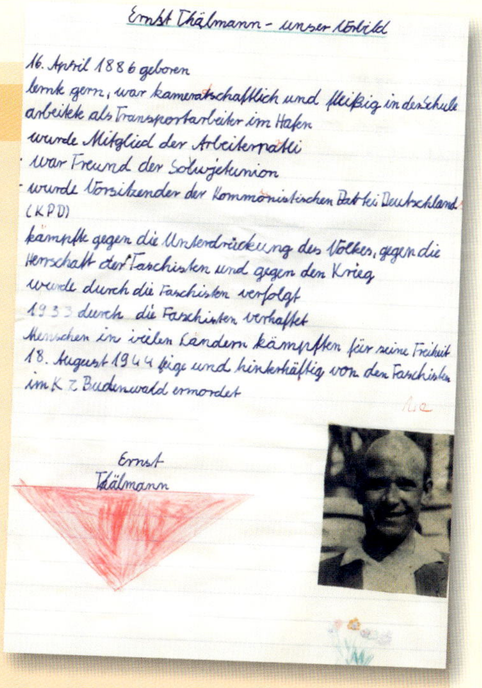
Ernst Thälmann – unser Vorbild

16. April 1886 geboren
lernte gern, war kameradschaftlich und fleißig in der Schule
arbeitete als Transportarbeiter im Hafen
wurde Mitglied der Arbeiterpartei
war Freund der Sowjetunion
wurde Vorsitzender der Kommunistischen Partei Deutschland (KPD)
kämpfte gegen die Unterdrückung des Volkes, gegen die Herrschaft der Faschisten und gegen den Krieg
wurde durch die Faschisten verfolgt
1933 durch die Faschisten verhaftet
Menschen in vielen Ländern kämpften für seine Freiheit
18. August 1944 feige und hinterhältig von den Faschisten im KZ Buchenwald ermordet

Ernst Thälmann

Für solche gestalterischen Maßnahmen hagelte es Bienchen, manchmal auch Einsen. Wenigstens für Fleiß und Mitarbeit.

Gruppenfoto vor der Zittauer Blumenuhr. Das Bettwäschekleid in Junior- und Mamaversion war auch dabei.

Erfinderisch

Von klein auf waren wir daran gewöhnt, nichts wegzuwerfen, was uns vielleicht noch mal nützlich sein könnte. Wir sahen es ja von unseren Eltern. Und tatsächlich entwickelten wir schon frühzeitig beachtlichen Erfindergeist und handwerkliches Geschick. Wir sahen Papa beim Holzhacken und beim Schrauben an Moped oder Trabi nicht einfach nur zu. Nein, wir wussten schon bald mit Säge, Beil und Schraubenschlüssel umzugehen. Oder wir kramten in Omas Stoffreste-Sammlung und nähten die Kleidung für unsere Puppen bald selbst – fast so perfekt wie Mama. Unsere Mütter legten in punkto Handarbeit sowieso teilweise Fleiß und Geschick an den Tag, dass sie sich hinter dem tapferen Schneiderlein kaum verstecken mussten. Während der achtziger Jahre waren Blousons mit Applikationen aus grobmaschiger Gaze oder „D-Ringen" groß in Mode. Die meist zweifarbigen Gebilde, mit Zierreißverschlüssen und stoffbezogenen Knöpfen konnte man prima aus

Mit Wasserfarben und Buntpapier waren der Kreativität keine Grenzen gesetzt. Trinkfixdosenparade mit Luftballonsparschwein.

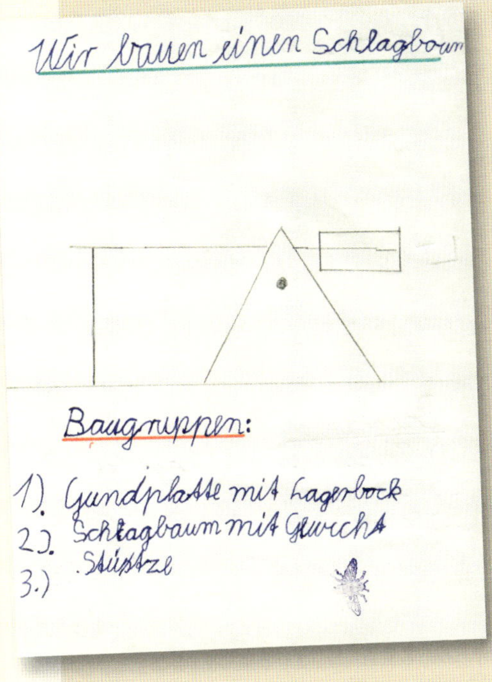

Technische Zeichnung aus dem Werkunterricht. „Wir bauen einen Schlagbaum" inklusive Bienchen.

Bettlaken nähen, wie sehr schnell herausgefunden war. Ab da waren Bettwäsche und Gardinenstoffe nicht mehr sicher. Für sich selbst, für uns, für Freunde und Bekannte oder weniger geschickte Kolleginnen wurden Nachtschichten eingelegt. Nicht zuletzt wurde auch die Haushaltskasse geschont, wenn nicht sogar aufgebessert.

In der Schule sollte unsere Geschicklichkeit in Fächern wie „Werken" und „Nadelarbeit" noch weiter ausgefeilt werden. Unzählige Untersetzer aus Plasteperlen, gehäkelte Topflappen und gestickte Deckchen zierten ostdeutsche Wohnungen. Wir lernten auch Knöpfe annähen, Schaltkreise zusammenklemmen oder stricken. Wer sich nicht mit dieser praktischen aber etwas langweiligen Arbeit anfreunden konnte, der blieb halt bei der „Strickliesl". Man konnte herrlich endlose Schnüre mit diesem Plaste- oder Holzdings in Form von Püppchen oder Pilzen knüpfen. Wozu genau die gut sein sollten, ist bis heute schleierhaft. Aber Spaß gemacht hat es.

Vitamine aus dem eigenen Garten

Für viele von uns waren die Sommer in der Kindheit untrennbar mit dem Garten verbunden. Auf dem Lande sowieso. In den Städten hatten sich viele Familien ihre Oasen in Schrebergärten oder in Parzellen in gemeinschaftlichen Gartensparten (oft mit Vereinsgaststätten) geschaffen. Letztere wurden nur an jene Kleingärtner vergeben, die einen bestimmten Prozentsatz Obst und Gemüse anbauten. Das taten aber ohnehin die meisten, um sich einen entsprechenden Wintervorrat anzulegen. Das war auch erforderlich, da es in der kalten Jahreszeit nicht viel mehr als Rotkohl, Weißkohl und Äpfel zu kaufen gab. Und weil damals nur wenige DDR-Familien über den Luxus einer Gefriertruhe verfügten (sie waren Mangelware und zudem sehr teuer), wurde fleißig eingeweckt. Manchmal auch Obst, das nicht aus dem eigenen Garten stammte, denn Äpfel und Zwetschgen lagen auf LPG-Wiesen und an Straßenrändern herum. Man brauchte sie nur aufzulesen, und schon konnte es losgehen mit dem Mus-Kochen.

Unsere Welt wird größer

In den ersten drei bis vier Schuljahren begannen wir zu begreifen, dass der Republikgeburtstag oder die Sache mit den Patenbrigaden nicht überall auf der Welt Alltag war. Wir

Wer nicht gerade im „Tal der Ahnungslosen" wohnte, der konnte sich über etliche Kanäle informieren.

stellten fest, dass im Fernsehen nicht nur „Brummkreisel" mit Achim und Kunibert oder „Mach mit, mach's nach, mach's besser" lief, wo Gerhard „Adi" Adolph stets zwei Schulklassen zum sportlichen Wettkampf antreten ließ. Zwar waren wir noch nicht so gebannte Zuschauer der „Aktuellen Kamera" wie unsere Eltern, auch der „Schwarze Kanal" gehört nicht zu unseren Kindheitserinnerungen. Aber wir wussten, über welche Fernsehprogramme wir uns lautstark in der Schule unterhalten durften und über welche nicht.

Mithilfe monströs großer Parabolantennen oder aber mit der kleinsten Außenbordantenne am „Junost"-Kofferfernseher versuchte man ARD und ZDF „reinzukriegen". Zur Belohnung gab's dann ab und zu mal „Die Schwarzwaldklinik" und die Werbung mit den Mainzelmännchen. Mit großen Augen und tropfendem Zahn konnten wir uns Kinderschokolade oder Kellogg's Cornflakes wenigstens anschauen. Es sei denn, man wohnte in der Nähe des Elbsandsteingebirges. Dort war der Empfang so schlecht, dass man sich mit der schönen Aussicht auf die Berg- und Flusslandschaften begnügen musste. ARD hieß ja nicht umsonst „Außer Raum Dresden".

DDR-Kinderbücher

Vor allem der 1949 gegründete Kinderbuchverlag Berlin prägte die Kinder- und Jugendliteratur der DDR. Im Vordergrund stand bei Kinderbüchern freilich die ideologische Erziehung, denn die Kinder sollten sich von Anfang an mit den Hauptfiguren identifizieren, die sich am Ende stets ins Kollektiv integrierten. Ab den 70ern gab es allerdings vermehrt Geschichten, die eben keine geradlinige Lösung für Konflikte mehr anboten, sondern auf Schwierigkeiten der jungen Generation (auch mit dem System!) aufmerksam machten. Auffällig ist die wiederholte Thematisierung des Zweiten Weltkrieges. Mit Partisanen und Widerstandskämpfern sind wir buchtechnisch beinahe aufgewachsen.

Klassiker und Abenteuer

Zunehmend begannen wir auch Bücher zu lesen und in die öffentlichen Büchereien zu gehen. Manche verschlangen „Russische Volksmärchen" oder „Aladin und die Wunderlam-

Statt mit Computer, Game Boy und DVD verbrachten wir noch sehr viel Zeit mit Büchern.

pe". Wir reisten an Orte, die wir normalerweise nicht zu Gesicht bekamen. Andere bekamen von Eltern und Großeltern Klassiker aus deren Kindheit, wie „Käuzchenkuhle" oder „Ao der Mammutjäger". Wieder andere mochten die linientreue Literatur wie „Erinnerungen an meinen Vater" von Rosa Thälmann oder „Tschuk und Gek" von Arkadi Gajdar, in dem es um die Kinder von fleißigen Genossen an der sowjetischen Trasse ging.

Frühe Zeitungsleser

Was eigentlich vom Kindergarten an zu unserer Freizeitgestaltung gehörte waren Zeitungen. Im „Bummi" gab es noch nicht allzu viel zu lesen, höchstens zum Vorlesen. Trotzdem freuten wir uns immer über Neues von „Burrattino" oder „Mascha und Puppe Natascha". Sobald wir in die Schule kamen trugen wir stolz unsere ABC-Zeitung mit uns herum. Es gab darin nicht nur Comics von „Schnüffel und Stachel" oder Alfons Zitterbacke, sondern sogar einen Bastelbogen. So konnten wir zum Beispiel einen Funkstreifenwagen der Volkspolizei falzen und kleben und zu Hause einstauben lassen.

In der FRÖSI gab es schon einiges an Propagandamaterial und selbst die Comics waren ziemlich eingefärbt. Das Maskottchen „Atomino", das in der ersten Hälfte der 60er Jahre auf den Seiten der FRÖSI auftauchte, war ursprünglich in der Kinderbeilage einer italienischen Zeitung erschienen. Die langen Fortsetzungsserien mit aktuellen politischen Problemen wie Arbeitslosigkeit und Mafia im imperialistischen Italien ließen keinen Zweifel an der kommunistischen Haltung ihrer Autoren.

„Weltall Erde Mensch"

Das Buch, das unseren Eltern zum Eintritt in die Erwachsenenwelt mitgegeben wurde, stellte sich auch als wichtiger Begleiter für unsere Fragen über die Welt heraus. Es stammte aus einer längst vergangenen Zeit, in welcher man wohl der DDR-Jugend wirklich noch Wissen über das Weltall, über die Erde und die Menschwerdung vermitteln wollte. Wenig später bescherte die DDR ihren jungen Erwachsenen das Buch „Der Sozialismus, meine Welt". Darin hätte unsereins garantiert nicht so gern geschmökert. Doch Saturn, Jupiter und Pluto, Neandertaler und Neumensch, die Tiefseeforschung und die Weltraum-Hündin Laika – das interessierte uns schon. Freilich haben manche Mama und mancher Papa nie in dieses Buch geschaut, weil es „made in GDR" war. Vielleicht auch, weil sie Bücher ohnehin nicht mochten. Aber die meisten von uns 1977ern haben es irgendwann einmal durchgeblättert und etwas daraus „mitgenommen".

Weltall – Erde – Mensch

1987-1990

Wendepunkt auf dem Weg ins Leben

Das 11. bis 14. Lebensjahr

Talente

Spätestens nach den ersten drei Schuljahren hatten sich bei uns 77ern die diversen Vorlieben, Aversionen und Talente herauskristallisiert. Unser Schulsystem war vor allem auf Kollektivität ausgelegt, denn wir sollten so einheitlich und chancengleich wie möglich ausgebildet werden. So gab es nach dem dritten Schuljahr eigentlich keine Nichtschwimmer mehr, denn wir alle hatten zumindest die Grundstufe und die erste Schwimmstufe absolviert. Dazu fuhren wir einmal pro Woche alle zusammen ins nächstgelegene Hallenbad, wo wir springen und tauchen, Rückenschwimmen und kraulen lernen sollten. Größten Wert wurde dabei auf die Gummibadekappe gelegt, auf der in Großbuchstaben unser Name stand. Auf Badesachen wurde jedoch meist verzichtet.

Freilich war nicht alles Gold was glänzte. Aber auf ein Sportabzeichen in Bronze konnte man auch stolz sein.

Chronik

11. Oktober 1987
Der „stern"-Reporter Sebastian Knauer verschafft sich im Genfer Hotel „Beau Rivage" Zugang zum Zimmer des zurückgetretenen Ministerpräsidenten von Schleswig Holstein, Uwe Barschel (CDU); er findet ihn tot in der Badewanne.

11. Juni 1987
Im Londoner Wembley-Stadion wird zu Ehren des seit über 20 Jahren inhaftierten südafrikanischen Schwarzenführers Nelson Mandela ein Rock-Konzert veranstaltet, an dem zahlreiche Stars teilnehmen.

19. Januar 1989
Erich Honecker versichert, die Mauer werde in „50 und auch in 100 Jahren noch bestehen bleiben, wenn die dazu vorhandenen Gründe noch nicht beseitigt sind".

2. Mai 1989
Ungarn beginnt mit dem Abbau der Grenzbefestigungen zu Österreich.

4. September 1989
Beginn der Montagsdemonstrationen in Leipzig für Reise-, Presse- und Versammlungsfreiheit.

9. November 1989
Fall der Berliner Mauer, Öffnung der Grenzen zur BRD.

13. Juni 1990
In Berlin wird mit dem endgültigen Abriss der 47 km langen Mauer begonnen. An vier Stellen bleiben Mauerreste als Mahnmal erhalten.

21. Juni 1990
Karl-Marx-Stadt heißt wieder Chemnitz.

21. Juli 1990
Die britische Rockband „Pink Floyd" gibt auf dem Potsdamer Platz in Berlin das bislang größte Konzert in der Geschichte der Rockmusik.

3. Oktober 1990
Wiedervereinigung: Im Berliner Reichstagsgebäude tritt der um 144 Volkskammer-Abgeordnete erweiterte gesamtdeutsche Bundestag zu seiner ersten Sitzung zusammen.

Da war er wieder, der Holzbaukasten.
Selbst Messeexponate ließen sich damit konstruieren.

Ob diese Anordnung einen tieferen Sinn hatte, war nicht ganz klar. Aber da wir alle schon den einen oder anderen Urlaub am FKK-Strand hinter uns hatten, kam uns das nicht allzu abwegig vor. Nicht umsonst wurde uns „Ossis" später schmunzelnd der Hang zur Nacktheit nachgesagt.

Die Schnell- und Langzeitschwimmer unter uns landeten ohne großes Aufhebens im Schwimmverein und wurden in Richtung Leistungssportler gefördert. Denn das war die andere Seite des DDR-Bildungssystems. Talente sollten individuell weiterentwickelt werden. Je mehr, desto besser. Wettbewerbe, Ausscheide-, Kreis- und Bezirksmeisterschaften in jedwedem Bereich waren an der Tagesordnung. Überhaupt waren wir inzwischen nachmittags je nach Begabung im Schulchor, in der AG Leichtathletik, in der Musikschule oder in der „Station junger Techniker" aktiv.

Die Messe der Meister von Morgen

Die „MMM" war, abgesehen von der ideologischen Komponente, das DDR-Äquivalent zu „Jugend forscht". Von der FDJ organisiert fand sie von 1958 bis 1990 jährlich statt. Ziel war es, bei der sozialistischen Jugend das Interesse für Technik und Wissenschaft zu steigern. Außerdem versuchte man Ingenieurs-Nachwuchs heranzuziehen. Die ersten Veranstaltungen fanden auf Schul- oder Betriebsebene statt. Die Teilnehmer konnten sich für die Kreis-, Bezirks- und Republikebene qualifizieren. Im Oktober 1958 gab es auch erstmals die „Zentrale Messe der Meister von Morgen" (ZMMM) in Leipzig.

„Wir Thälmannpioniere ..."

So begannen ab der vierten Klasse die Regeln, die aus den Geboten der Jungpioniere abgeleitet und erweitert worden waren. An und für sich änderte sich nicht viel für uns. Aber wir durften ab jetzt ein rotes anstelle des blauen Halstuches tragen und rückten wieder eine Stufe in Richtung der Großen auf. Den Pionierknoten hatten wir im Schlaf drauf und es hat ganz besonders „gefetzt", wenn wir am 13. Dezember sowohl ein blaues als auch ein rotes Halstuch in der Mitte falten, ineinanderlegen und beide umbinden konnten.

So sah man uns gern. Fröhlich, mit Halstuch und „Winkelementen".

Am Checkpoint Charlie in Berlin kann man noch heute Pionierausrüstung als Touri-Souvenir kaufen. Viele von uns haben aber auch die Originale aufgehoben.

Die Pionierblusen waren inzwischen verwachsen und wir bekamen einfach welche in einer Nummer größer. Manche konnten sich auch mit diversen Auszeichnungen, wie der Anstecknadel mit dem Roten Stern, schmücken. Inzwischen gab es ja auch die „Nickys" (neudeutsch: T-Shirts) in verschiedenen Farben und mit Emblem drauf. Die waren irgendwie „fetziger" und vor allem pflegeleichter.

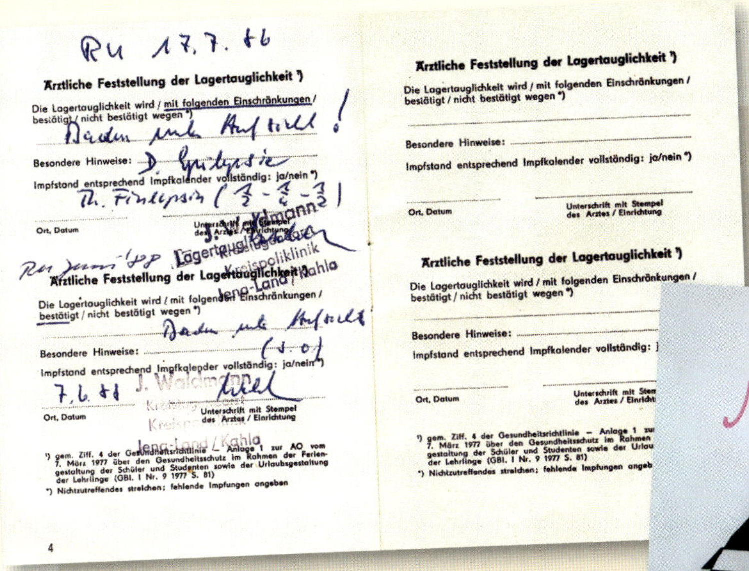

Ärztliche Feststellung der Lagertauglichkeit *)

Die Lagertauglichkeit wird / mit folgenden Einschränkungen / bestätigt / nicht bestätigt wegen *)

Besondere Hinweise:

Impfstand entsprechend Impfkalender vollständig: ja/nein *)

Ort, Datum — Unterschrift mit Stempel des Arztes / Einrichtung

Ärztliche Feststellung der Lagertauglichkeit *)

Die Lagertauglichkeit wird / mit folgenden Einschränkungen / bestätigt / nicht bestätigt wegen *)

Besondere Hinweise:

Impfstand entsprechend Impfkalender vollständig: ja/nein *)

Ort, Datum — Unterschrift mit Stempel des Arztes / Einrichtung

*) gem. Ziff. 4 der Gesundheitsrichtlinie – Anlage 1 zur AO vom 7. März 1977 über den Gesundheitsschutz im Rahmen der Feriengestaltung der Schüler und Studenten sowie der Urlaubsgestaltung der Lehrlinge (GBl. I Nr. 9 1977 S. 81)

*) Nichtzutreffendes streichen; fehlende Impfungen angeben

4

Der nötige Stempel: „lagertauglich“.
Wir durften ins Ferienlager!
Eine negative Besetzung dieses Begriffes gab es offensichtlich damals nicht.

„Modern Talking“ als sowjetische Importware. Vielleicht tanzten wir auch dazu unsere ersten angedeuteten Paarungstänze.

Willst du mit mir gehen?

Die Ferien verbrachten wir überwiegend in den Betriebs- oder Pionierlagern. Dort bot sich uns der ideale Ort für die ersten zaghaften Liebeleien, obwohl diese Bezeichnung eigentlich noch viel zu weit ging. Wir steckten vielleicht einem Jungen oder Mädchen aus der Gruppe im Nachbarbungalow einen ein- bis zweideutigen „Liebesbrief“ zu. Oder wir wagten uns am letzten Abend den Angebeteten bei der Lagerdisko zum Tanzen aufzufordern. Die Abgebrühtesten trauten sich sogar schon, Händchen haltend vor aller Augen herumzulaufen. Aber die meisten blieben bei der altbewährten Methode, sich geduldig im Freibad vom Angebeteten mit Wasser vollspritzen oder nett gemeinte „Arschbomben“ über sich ergehen zu lassen. Die Liebe unseres Lebens war es in diesen zwei Wochen auf jeden Fall und Worte wie „Schluss machen“ trieben uns auf der Heimfahrt die Tränen in die abenteuerlich getuschten Augen.

DDR-Ferienlager

Es gab sogenannte Betriebsferienlager, die hauptsächlich von Großbetrieben (VEB bzw. Kombinate) für Kinder der Beschäftigten unterhalten wurden. Außerdem gab es Pionierferienlager. die über die Schulen in Zusammenarbeit mit der Pionierorganisation und der FDJ organisiert waren. Auch die Pionierlager hatten Großbetriebe als Träger. Geleitet wurden die Pionierlager durch hauptamtliche Mitarbeiter der FDJ-Kreisleitungen und als Gruppenleiter waren meistens Studenten eingesetzt, die als Pionierleiter und Lehrer ausgebildet wurden.

Morgenappell im Ferienlager, hier mit polnischen Freunden. Die Disziplin war aber eher was fürs Protokoll.

Wehe, wenn sie losgelassen ...

Obwohl die Hierarchien in den Ferienlagern aufrechterhalten wurden (es gab Morgenappelle, Gruppenleiterversammlungen und natürlich das allgegenwärtige Sportfest), ging es irgendwie etwas lockerer, beinahe anarchistisch zu. Solange die Ordnung halbwegs gewahrt blieb, durften wir uns die Gesichter mit geliehenem und ausgetauschtem Make-up zukleistern. Die abgekauten Fingernägel wurden rot lackiert, die erste Zigarette wurde heimlich hinter irgendeinem Gesträuch geraucht und wir genossen unsere sommerlichen Freiheiten. Im Gegenzug ließen wir unsere Gruppen- und Lagerleiter nicht auffliegen, wenn die sich im Hauptquartier zu sehr späten Versammlungen trafen, von denen sie allein oder pärchenweise in die Koje wankten und am nächsten Tag an einer schlimmen Erkältung litten. Unsere Eltern wunderten sich nur manchmal, dass wir irgendwie verändert aus dem Ferienlager zurückkamen. Wir hatten schon mal von der Rebellion genippt ...

Gruppenfoto aus dem Ferienlager.

Der Soundtrack zum Mauerfall

Nach dem Fall der Mauer gab es verschiedene Begleitmusik in den Köpfen ehemaliger DDR-Bürger. Schnell bildeten sich Legenden um den definitiven „Soundtrack zum Mauerfall". Baywatch-Star David Hasselhoff ist sich sicher, dass die Wiedervereinigung teilweise sein Verdienst war. Der Grund hierfür soll „Looking for Freedom" sein, das er 1989 am Brandenburger Tor gesungen hatte. „Freiheit" von Marius Müller-Westernhagen, „The Wall" von Pink Floyd, „Als ich fortging" von Dirk Michaelis und andere werden ebenfalls als Titelmelodie gehandelt. Ob nicht vielleicht der „Wind of Change" die Mauer einfach umgepustet hat oder die männlichen Ossis einfach nicht mehr zu halten waren, seit sie die Baywatch-Badenixen im TV gesehen hatten, bleibt weiterhin Spekulation.

Die Mauer ist offen!

Vermutlich waren wir gerade über so eine Sommerliebe hinweg, hatten uns wieder im Schuljahr eingefunden, als plötzlich im Herbst 1989 alles anders wurde. Die einen bekamen mehr davon mit, die anderen weniger, wie zunächst in Ungarn alles über Tisch und Bänke ging, danach in der Prager Botschaft und schließlich der Satz „Die Mauer ist offen!" unser Leben veränderte. Doch das Äquivalent eines Urknalls war der Mauerfall nur für diejenigen, die sich in oder um Berlin aufhielten. In den anderen großen Städten konnte man natürlich auch nicht ignorieren, dass etwas ganz Außergewöhnliches im Gange war.

In Leipzig wurde die „MMM" von zwei auf eine Woche verkürzt und so mancher wusste nicht, ob er sich noch mit FDJ-Hemd auf die Straße trauen durfte. Ähnlich ging es den VoPos (Volkspolizisten) in Erfurt, die nicht mehr wussten, von wem der nächsten Befehl kommen würde oder auf wen sie hören sollten. Die Grenztruppen machten einfach gar nichts, was vermutlich das einzig Richtige war. Und doch waren es vor allem unsere Eltern, die sich die Nacht vor dem Fernseher um die Ohren schlugen. Wir haben auch Geschichten wie die, dass man in Gruppen zusammensaß und die Kopfhörer eines kleinen Radios an ein Weinglas klemmte, damit alle zuhören konnten, nicht live erlebt. Einige müssen wohl von ihren Eltern geweckt worden sein, um bloß schnell über die Grenze zu kommen. Aber die meisten bekamen erst später mit, was überhaupt los war.

Generation Wende

Was war überhaupt los? Das wurde uns und vielen anderen sowieso erst Jahre später klar. Manch einer hat es bis heute nicht richtig kapiert. Warum genau und wie und wodurch sich nun alles wenden sollte, das war damals vielleicht auch nicht das Ausschlaggebende. Was wir sehr wohl mitbekamen, das war zunächst die Tatsache, dass innerhalb weniger Tage sehr viele Leute, die wir kannten, verschwunden waren. Plötzlich fehlten Lehrer, Mitschüler kamen nicht mehr zur Schule oder der ABV (Abschnittsbevollmächtigte) trug keine Uniform mehr. Uns wurde erzählt, dass wir bald Westgeld hätten, auch mal „rüberfahren" würden und die Geschäfte wären bald proppevoll mit Dingern wie Barbies und Kiwis.

Das alles war ja gut und schön und natürlich auch aufregend. Aber so richtig schnell stellt man sich halt nicht um. Im Dezember 1989 wurden zum Beispiel trotzdem noch Jungpioniere und Thälmannpioniere aufgenommen und erst kurz vor Weihnachten lockten die einhundert D-Mark Begrüßungsgeld auch die Letzten in Richtung Grenze.

Staus und Kinderschokolade

Der erste Besuch im Westen ist definitiv jedem von uns 77ern im Gedächtnis geblieben. Sicher mag es Unterschiede im Timing gegeben haben und auch die Erwartungen unterschieden sich bei den Einzelnen. Dennoch kann sich die überwiegende Mehrzahl von uns an endlose Autokolonnen an den Grenzübergängen erinnern. Manchmal blieb uns auch nichts anderes übrig, als umzukehren und es an einem anderen Tag erneut zu versuchen. Man wollte schließlich wenigstens „Ma gucke" und das Begrüßungsgeld abfassen. Viele fuhren in Ermangelung eines Autos mit dem Zug.

Beim ersten Mal wurden selbst ganz „frische" Babys sowie jede verfügbare und noch halbwegs transportable Oma in den völlig überfüllten Waggons mitgeschleppt. Warum? Weil das Pro-Kopf-Begrüßungsgeld nur an vorgezeigte Personen vergeben wurde. Waren wir dann endlich im Schlaraffenland angekommen, bot sich eine Überraschung. Was wir von zu Hause längst kannten, aber doch nicht im Westen erwartet hatten war das: Schlangen und leergekaufte Geschäfte!

Das kennen wir doch! Schlange stehen beim Begrüßungsgeld.

Der Ruf des Kapitalismus hallte durch die Republik. Tausende folgten ihm.

Nachwende-Witze

Mauerfall. Eine Banane in Westberlin rennt verzweifelt durch die Straßen und schreit „Hilfe, die Ossis kommen! Die wollen mich fressen!" Auf dem Ku'damm trifft sie eine Kiwi und ruft „Bring dich in Sicherheit, die Mauer ist offen, die Ossis kommen, die fressen uns auf!" Die Kiwi, ganz verstört, schließt sich der Banane an und beide setzen ihre Flucht fort. Plötzlich bleibt die Kiwi stehen und schüttelt den Kopf. Die Banane hält ebenfalls an und schreit wieder: „Los jetzt, wir müssen abhauen, die Ossis fressen uns sonst!" Darauf die Kiwi: „Wieso? Die kennen mich doch gar nicht."

Wie die Kinder

Trotzdem gelang es uns, wenn wir etwas weiter von der Grenze entfernt waren, zu schauen, zu staunen und zu kaufen. Im Gegenzug wurden wir auch nicht zickig, wenn wir ebenfalls beschaut und bestaunt wurden. Klar, wir hatten die Einkaufskörbe voll mit Süßigkeiten, die für die Ortsansässigen nichts Besonderes waren. Wir hingegen freuten uns wahnsinnig darauf, die glänzend eingewickelten Plombenzieher unterm Weihnachtsbaum liegen zu sehen. Manch einer von uns bekam sogar von netten Menschen eine Ananas geschenkt.

Die Mädels waren heilfroh, wenn eine kleine Schwester zur Familie gehörte, denn so konnten wir sichergehen, dass auch eine Barbiepuppe nebst winzigem pinken Zubehör unter den Einkäufen war. Hatte man kein Geschwister zur Hand, wurde ohne viel Aufhebens selbst heimlich noch eine der magersüchtigen Anziehpuppen erstanden, die nur bewundert wurde, wenn kein anderer in der Nähe war. Die Jungs stürzten sich auf FC-Bayern-Bettwäsche, auf Walkman und Hot Wheelz Matchboxautos, an die sie vorher nie hätten Hand anlegen können. Kurz: Wir vergaßen für eine kleine Weile noch einmal, dass wir eigentlich schon voll erwachsen und keine Kinder mehr sein wollten. Unsere Eltern vergaßen dies allerdings auch.

Mädchenträume werden wahr. Auch wenn wir aus dem Alter eigentlich längst raus waren.

Sind wir die Großen oder die Kleinen?

Das Gefühl des Groß-Seins in der Schulbus-Hierarchie, die geregelte Ordnung von Gerätewart, Tafel- und sonstigem Dienst war spätestens

Das mit der Ordnung war vorbei. FDJler würden wir nun auch nicht mehr werden. Aber wer waren wir denn nun?

Die Standardsituation, in der auch Dr. Sommer nicht mehr weiterhelfen konnte. Wir waren auf uns gestellt.

mit dem Schuljahr 1990 gegessen. Selbst allgegenwärtige und tief vertraute Institutionen wie POS und EOS gab es plötzlich nicht mehr. In unseren Schulklassen wurden wir durcheinander- und neu zusammengemischt. Jene von uns, die aufs Gymnasium gingen, waren mit einem Mal wieder die Kleinen und von der letzten Reihe im Schulbus verbannt. Also mussten wir uns wieder nach hinten arbeiten. Nur ohne die Hilfe der Ranzenreihe. Die gab es nämlich auch nicht mehr.

Mal ganz abgesehen davon waren mittlerweile sowieso Schulrucksäcke „in". Vorzugsweise in Neonfarben. Es gab auch keine Pioniernachmittage mehr, keine schulischen Arbeitsgemeinschaften und keine Freundschaftstreffen mit Angehörigen der sowjetischen Garnison. Es gab nicht mal mehr die gewohnten Fahnenappelle, die wir immer nur dann gemocht und bewusst durch kollektiven Ungehorsam in die Länge gezogen hatten, wenn in der nächsten Stunde eine Klassenarbeit anstand, die dann der Lehrer notgedrungen auf die nächste Gelegenheit verschieben musste.

Doch es gab noch andere wunderliche Dinge. Die seit frühester Kindheit erlernten und immer wieder trainierten Worte wie „Klassenfeind", waren ebenso aus dem hiesigen Wortschatz verbannt, wie die (ebenfalls mit der Muttermilch eingesogenen) Begriffe von Solidarität und Klassenkampf. Irgendwie wussten die meisten von uns nicht mehr, was sie denken sollten. Alles ging verquer! Nichts stimmte mehr! Und das nicht nur bei staatlichen Angelegenheiten!

Mit roten Ohren

Wir interessierten uns nicht mehr für Kastanienmännchen oder Pioniernachmittage. Und Spartakiaden waren eh von gestern, also wandte man sich viel spannenderen Themen zu. Die dazugehörende Bildung verschafften wir uns nicht mehr aus der „Trommel", sondern fielen mit Feuereifer über „BRAVO", „Popcorn" und dergleichen bunter Jugendzeitschriften her, die es neuerdings sogar im Dorf-Konsum zu kaufen gab.

Das Dr.-Sommer-Team der BRAVO eröffnete uns völlig neue Welten. Kichernd und manchmal mit roten Ohren lasen wir da so manche Leserbriefe und die Expertenantworten darauf. Binnen kürzester Zeit hätten unsere Eltern wohl von uns lernen können. Theoretisch zumindest. Aber die BRAVO änderte nicht nur unsere Sicht der Dinge.

Poster

Plötzlich fanden sich an unseren Zimmerwänden, die oftmals noch mit einer lieben Sonne angemalt oder mit Feuerwehrtapete dekoriert waren, Poster, Schnipsel und „Starschnitte" von Leuten, deren Namen wir vor Kurzem noch nicht mal hätten aussprechen können. Sehr zum Ärger unserer Eltern, denn unser wöchentlich wechselnder Postergeschmack hinterließ unschöne Löcher in der Tapete, wenn man die Klebestreifen abzog. Wechselte man auf Stecknadeln um, so wunderte Mutter sich nicht selten, wo ihre blaue Blechdose der Marke „Kohinoor" abgeblieben war oder schimpfte, wenn sie wieder einmal eine Nadel auf unserem Fußboden fand.

Manchmal fiel auch die komplette Posterwand einfach ab; Klebestreifen, Stecknadeln, Reißzwecken und Tapete inklusive. Das machte uns aber wenig aus, denn am folgenden Donnerstag wartete wieder eine druckfrische BRAVO im Konsum auf uns. Da gingen wir doch gern mit Oma zum Einkaufen, um ihr beim Tragen zu helfen.

Go Trabi Go!

Der Titel des Films von Peter Timm mit Wolfgang Stumph, in dem die Reiselust und Weltgewandtheit der Ossis ordentlich auf die Schippe genommen wird, entwickelte sich quasi zum Leitspruch der beginnenden 90er. Zumindest was den Automarkt betraf. Hatte man den Familienwagen bis kurz vor der Wende getreu nach dem Motto „Die ganze Woche wäscht und putzt er den Trabi und am Sonntag dann besteigt ihn der Papi" geehrt und gehätschelt, wurden die armen Karossen jetzt massenweise verschrottet. Manchmal ließ man sie auch einfach am Straßenrand stehen. Dafür spielte sich der gesamte Gebrauchtwagenmarkt des frisch wiedervereinigten Deutschlands im Osten ab. Wir waren zwar anfänglich genervt von der Gurtpflicht auf der Rückbank, aber das bunt beleuchtete Armaturenbrett hypnotisierte uns derartig, dass unsere Familien bereit waren, horrende Summen für die letzte Schrottkarre – aber immerhin ein Westauto – zu bezahlen. Eine Naivität, die sich etliche Nicht-mehr-Klassenfeinde ausgiebig zunutze machten.

Bild mit Symbolcharakter. Der Untergang des Trabis war nicht mehr aufzuhalten.

Wir stolpern weiter vorwärts

1991–1995

Das 15. bis 18. Lebensjahr

Ene mene muh, und raus bist du!

Obwohl wir alle 1977 geboren wurden, hat unser Jahrgang hier und da zumindest eine kleine Trennung erfahren, die einerseits dem Stichtag für die Einschulung und andererseits der Wende geschuldet ist. Spätestens seit der fünften Klasse stand für uns fest,

Mit Jugendweiheurkunde, aber ohne „Weltall Erde Mensch".

Chronik

19. September 1991
Am Similaun-Gletscher im Ötztal wird die mumifizierte Leiche eines Mannes aus der Bronzezeit gefunden.

1. Juli 1993
In der Bundesrepublik wird das frühere vierstellige Postleitzahlensystem durch neue, fünfstellige Ziffernkombinationen abgelöst. Die Neuordnung des seit 1961 bestehenden vierstelligen Systems war notwendig geworden, weil seit der deutschen Wiedervereinigung zahlreiche Postleitzahlen doppelt vorhanden waren.

1. Januar 1994
Die Deutsche Bundesbahn (West) und die Deutsche Reichsbahn (Ost) werden mit Wirkung vom 1. Januar 1994 privatisiert. Sie bilden die Deutsche Bahn AG.

22. Januar 1994
Der Film „Schindlers Liste" von US-Regisseur Steven Spielberg erhält in Los Angeles sieben „Oscars" und wird zum erfolgreichsten Film des Jahres.

8. April 1994
Kurt Cobain, Leadsänger der Gruppe „Nirvana" und einer der Hauptvertreter des Grunge-Rock, begeht in Seattle Selbstmord.

6. Mai 1994
In Calais/Frankreich wird der Eurotunnel unter dem Ärmelkanal, der Frankreich und England verbindet, eröffnet.

23. Juni 1995
Das Reichstagsgebäude in Berlin wird nach den Plänen der Künstler Christo und Jeanne Claude verhüllt. Die Kunstaktion, die bis zum 6. Juli dauert, entwickelt sich zu einer Publikumsattraktion und wird von etwa fünf Millionen Menschen besucht.

16. Dezember 1995
In Madrid/Spanien endet ein zweitägiger Gipfel der Staats- und Regierungschefs der Europäischen Union. Die künftige europäische Währungseinheit soll die Bezeichnung Euro erhalten.

dass wir in der achten Klasse statt rotem Halstuch das Blauhemd der FDJ tragen und nach der Jugendweihe die Reihen der Erwachsenen auffüllen würden. Das alles war zwar nicht so furchtbar aufregend, aber wie bei unseren größeren Geschwistern, den älteren Mitschülern oder Nachbarn stand eine ordentliche Fete ins Haus. Vor allem aber viele Geschenke, die erfahrungsgemäß zumeist die Form von Briefumschlägen haben würden und neben wohlgemeinten Ratschlägen für den neuen Lebensabschnitt vor allem Scheine enthielten.

Eine der begehrten, aber leider seltenen Jugendweihekarten anno 1991.

Wir hatten den Zonk

Doch was passierte 1991? Es gab keine DDR mehr und auch keine FDJ, die unser feierliches Erwachsenwerden organisierten. Keine

Familienbild mit aktuellem, früherem und späterem Jugendweihling.

Thälmannpioniere, die uns Blumen überreichen konnten. Es gab keine BGLer mehr, keine sozialistischen Kollektive unserer Eltern, keine Hausgemeinschaften, die zusammenhielten und uns Briefumschläge überreichten.

Die Nachbarn und Bekannten hatten ganz andere Sorgen als nette Sprüche auf Jugendweihekarten zu schreiben und (was uns viel wichtiger gewesen wäre) ein kleines Scheinchen hineinzustecken. So konnten wir uns kein Moped kaufen, konnten nicht für zwei Wochen mit „Jugendtourist" (Reisebüro der FDJ) nach Ungarn oder in die Sowjetunion verreisen oder uns eine eigene Stereo-Anlage anschaffen, um ungestört unsere Musik zu hören.

Unverbesserliche Optimisten

Für etliche fiel die Jugendweihe oder Konfirmation schlicht aus. Manche waren gerade erst mit Sack und Pack umgezogen. Gerade für die Konfirmation war das ein Dilemma, denn ohne ausgiebigen Konfirmandenunterricht gab es auch keine kirchliche Feier. Wieder andere waren vielleicht gar nicht böse, nicht zu einer Festlichkeit aufgereiht zu werden.

Aber da ja Leute von unserem Schlag unverbesserliche Optimisten sind, konnten wir dem Ganzen wenig später etwas wirklich Gutes abgewinnen. Im Gegensatz zu den zwei und mehr Jahre vor uns Geborenen, blieb uns das allseits verhasste Unterrichtsfach „Wehrkunde" erspart. Ebenso wie eine eventuelle Abschlussprüfung in Staatsbürgerkunde. Wir mussten auch nicht jene nervigen Gespräche zwecks militärischer Nachwuchssicherung über uns ergehen lassen, von deren Ergebnis eine Zulassung zum Studium abhängen würde. Und auch später in der Ausbildung oder beim Studium ging uns kein Parteisekretär in Sachen Kandidatengewinnung mehr auf den Keks.

Die Sache, die Suche, die Seuche

In der Pubertät ist man ein wenig wirr im Kopf. Das ist wohl hinreichend bekannt. Dass so mancher nur schleppend bis gar nicht aus der Pubertätsschizophrenie wieder herauskommt, ist vielleicht auch nicht weiter verwunderlich. Dass aber eine ganze Generation ihre Rüpeljahre in der Öffentlichkeit auslebt, das gibt es nicht allzu häufig. Vor der Wende waren die „wilden Jahre" eher eine Frage der individuellen Entwicklung. Irgendwann stellte sich die Frage, ob man für oder gegen „das System" beziehungsweise die Idee eines sozialistischen Staates war. Fertig. Subkulturen gab es sehr wohl, aber sie waren überschaubar.

Doch gegen wen sollten wir Anfang der 90er Jahre rebellieren? Für welche „Sache" lohnte es sich zu kämpfen? Unsere Eltern konnten wir nicht wie einst die 68er als „Kriegstreiber" verurteilen. Viele von ihnen

Keine zehn Jahre zuvor und doch wie aus einer anderen Welt. Der GST waren wir entgangen.

Gehütete Raritäten. „Die Ärzte" auf Platte.

denn vor der Wende war so gut wie nichts von den Berliner Funpunks zu bekommen. Obwohl die Jungs durchaus nicht unpolitisch daherkamen, waren sie vor allem eins: sich selbst und niemanden ernstnehmende Chaoten. Sie polarisierten noch genauso wie Ende der Achtziger.

Eltern waren zutiefst geschockt über die Liedtexte, die wir mit Hingabe und von der ersten bis zur letzten Zeile mitbrüllen konnten. Trotzdem gaben sich die toleranteren Exemplare manchmal dafür her, den Altersnachweis zu erbringen, wenn wir tatsächlich „Die Ärzte – ab 18" (endlich wieder auf Vinyl erhältlich) käuflich erwerben wollten. Viele werden der Aussage zustimmen: Egal was man in jener Zeit (Pubertät) für Sorgen und Probleme hatte, „Die Ärzte" hatten ein Lied darüber. Und schon ging alles etwas besser.

Bumm-bumm und Schrammelmucke

Die Musik der 90er lässt sich nicht ganz leicht zusammenfassen. Aber er gab insgesamt zwei Lager. Die eine Seite, die als Mainstream bezeichnet wurde und die andere, die Mainstream nicht leiden konnte. Leichte Kost, aber kommerziell extrem erfolgreich, waren Popgruppen und Dance-Projekte, hinter denen ein Produzent oder ein Label stand. Diese Erscheinung hatten wir vielleicht noch dem Schulterpolster-Fönfrisuren-Trend der 80er zu verdanken. Und dann gab es die Rebellen, die Unangepassten. Das waren einerseits die Gitarrenrocker, die Grunge- und Punkbands wie „Nirvana", „Bad Religion" oder „Clawfinger". Die Fans waren zottelige Skatertypen mit Schlabbershirts und knielangen Baggyhosen, die mit wildem Rumgehüpfe den Normalos die Schuldisko versauten. Die Normalos, das waren solche, die

Bloß kein Normalo sein.
Schütteln die Leute den Kopf, machst du es richtig!

einige Jahre später heulten, als sich „Take That" in Wohlgefallen auflösten oder zu Hause die Kuschelrocksammlung nicht etwa versteckten – wie die coolen Kids – sondern im Regal neben „Donald-Duck"-Büchern stehen hatten.

Rave und Techno

Ein ganz anderes Phänomen kam ebenfalls aus dem subversiven Musikbereich, sollte aber später derartig kommerzialisiert werden, dass man sich schleunigst einen anderen rebellischen Musikgeschmack suchen musste. Die Rede ist vom Rave beziehungsweise Techno im wei-

Die Ikone der wilden Mädchen.
Heike Makatsch mit dem BRAVO TV Logo.

testen Sinne. Elektronische Musik unterlegt mit hämmerndem Bass, der vorzugsweise aus den geöffneten Fenstern aufgemotzter und tiefergelegter Autos donnerte. Auch die Jünger dieser Musik versauten gerne die Schuldisko, also gingen sie nach und nach immer zahlreicher zu ihren eigenen Veranstaltungen wie zur „Mayday" oder zur „Love Parade".

Girlies

Obwohl die Jungs eigentlich in nichts nachstanden, war doch die Zeit der Girlies angebrochen. Die wilden Mädchen der Neunziger ließen sich gar nichts mehr sagen, drängten frech in den Medien nach vorn und wurden gehegt und gepflegt wie etwas aufmüpfige kleine Schoßtiere. Die Emanzipation im Bikinioberteil war nicht mehr aufzuhalten.

Zumindest konnten wir auch damit mal wieder unsere Eltern ärgern. Ein bissel Woodstock steckte eben auch in uns. Eine Begleiterscheinung, die weniger mit Freiheit und Selbstbestimmtheit zu tun hatte, waren die Drogen, ohne die wenige solcher durchtanzter Nächte vonstatten gingen. Die Landeier unter uns blieben zumindest erst einmal von Dingen wie „Ecstasy" oder „Crystal" verschont. Wir begnügten uns damit, dass unsere Eltern schon fast die Polizei riefen, wenn sie ein paar Krümel „Schwarzer Afghane" in unserem Zimmer fanden.

Die Blumenkinder der 90er

Die erste Loveparade entstand 1989 in Berlin als spontane Idee einer durchfeierten Nacht zum Geburtstag von Dr. Motte. Unter dem Motto „Friede, Freude, Eierkuchen" zogen etwa 150 Teilnehmer ausgerüstet mit einem Generator sowie einer Anlage auf einem alten VW-Bus über den Kurfürstendamm. In den Jahren danach fand die Parade am ersten Juliwochenende als angemeldete politische Demonstration statt. Die Teilnehmerzahl erhöhte sich stetig und es beteiligten sich immer mehr Clubs und Labels mit eigenen Wagen. Bald darauf wurde neben der eigentlichen Parade ein Rahmenprogramm mit Raves angeboten. Mit steigenden Besucherzahlen wuchsen jedoch auch die Proteste der Anwohner und Geschäftsleute am Ku'-damm, welcher sich als viel zu eng erwies. Die Parade war eine kulturelle Institution und ein nicht zu unterschätzender Wirtschaftsfaktor für die Stadt geworden und wurde ab 1996 auf die Straße des 17. Juni verlegt.

Die teuren Spaten der „Wendehälse“

Eine Nachwendeanekdote: Warum waren in der Ex-DDR plötzlich Spaten Mangelware? Weil so viele jetzt irgendwelche Verwandten ausgruben. Viele einst staatstreue Karrieristen hatten natürlich „keine Westverwandtschaft“, wenn sie beim Einstellungsgespräch nach solchen befragt worden waren. Als ihre Posten und Pöstchen in den SED-Parteileitungen plötzlich wegrationalisiert waren, eröffneten sie die ersten Privat-Geschäfte. Gesponsert mit dem Westgeld der plötzlich „ausgegrabenen“ Westverwandtschaft. So wurden schnell aus hauptamtlichen Genossen erfolgreiche Kapitalisten.

Wenn ich groß bin werd' ich ...

Bei all den Verlockungen und Ablenkungen der neuen Zeit war und blieb die Schule trotzdem unsere Hauptbeschäftigung. Ob wir den Haupt- oder Realschulabschluss anstrebten oder Abitur machen wollten, war eigentlich egal. Die meisten von uns waren sehr verunsichert, was ihre Zukunftspläne anbelangte. Auch hier konnte man von den Eltern keine allzu große Unterstützung erwarten. Zu vielen von ihnen war vor nicht langer Zeit aufgegangen, dass „Finanzsachbearbeiter für den Sozialistischen Haushalt“ keine solide Ausbildung mit gesicherter Zukunft war.

Studiengänge und ganze Fakultäten waren geschlossen worden, viele Berufszweige wurden schlichtweg nicht mehr gebraucht, zumindest nicht, wenn sie mit DDR-Diplom abgeschlossen worden waren. Eine Lektion, die wir dennoch gelernt hatten war die, dass man sich halt irgendwie durchwurschteln musste. Der Begriff „Wendehals“ war seinerzeit in aller Munde. Zwar deutlich negativ besetzt, zeigte er trotz allem, dass man nur clever genug sein musste, um seine Schäfchen ins Trockene zu bringen. Wie ein Wirtschaft-und-Recht-Lehrer stets anzufügen pflegte: „Leute, da draußen weht ein eiskalter Wind!“

Fast wie neu

Dieser war einer von jenen Lehrern, die durchaus wussten, wovon sie redeten. Schließlich hatten sie selber gründlich ausloten müssen, woher der neue Wind denn wehte und ob man nicht ein Fähnlein zum Hineinhängen finden würde. Dieser Lehrer hatte vorher „M/L“ (Marxismus/Leninismus) in der EOS gelehrt. Wenigstens war er jetzt mit „Wirtschaft und Recht“ und „Sozialkunde“ irgendwie doch bei seinem Leisten geblieben. Er hätte uns ja auch noch mal erklären können, warum der Arbeitgeber eigentlich der Arbeitnehmer ist und umgekehrt. Schließlich gibt der Arbeiter seine Kraft und der Großgrundbesitzer nimmt sie, oder so ähnlich. Jedenfalls hat er mit uns das Grundgesetz und die brandneue Verfassung des Freistaates Thüringen gepaukt. Staatsbürgerkunde hatten wir selbst ja nicht mehr, aber den Lehrer dazu.

Wenn manche von denen, die uns eigentlich hätten beibringen sollen, wie man ein guter Staatsbürger wird, nach der Wende auf das Fach „Informatik“ umgesattelt waren, so konnte man sich ein Grinsen ob der Wortironie

Unsere Schulbücher kamen als Notfallhilfe in Klassensätzen. Ganz ohne rote Gesinnung waren die Gebundenen dank Hochglanzseiten trotzdem viel schwerer als unsere Altpapierbücher.

nie verkneifen. Aber so war es. Wenn wir Schüler schon als Bundesbürger recycelt worden waren, warum sollten unsere Lehrkörper nicht auch aus der Altstoffsammlung stammen. Bissel Lackfarbe drauf, fast wie neu.

Hinten höhergelegt

Repräsentation war alles. Auch zwischenmenschlich. Man(n) wurde nicht nach Attraktivität der Freundin, sondern nach Tuninggrad des Mopeds in die soziale Hierarchie eingeordnet. Gerade auf dem Land war ein Zweirad ja durchaus etwas Praktisches. Der Öffentliche Nahverkehr war seit der Wende nicht etwa besser, sondern noch viel löchriger geworden. Die Betriebsbusse gab es nicht mehr, und sowieso, warum sollten die ganzen Arbeitslosen durch die Welt geschaukelt werden?

Die meisten nannten eine Simson S50, einen Roller vom gleichen Hersteller oder eine „Schwalbe" ihr Eigen. Letztere eine vollverkleidete Version, die immer aussah, als hätte sie eine Schürze an, aber man konnte – wenn man richtig cool war – die Fußbleche in den Kurven auf der Straße schleifen lassen. Man konnte auch herrlich den Sozius in Hofeinfahrten hinten runterplumpsen lassen – sofern man weniger cool war, sich verschaltete und die Einfahrt bergan lag. Manche, meist die, die schon Lehrlingsgeld bekamen, konnten sich auch eine „Achtziger" von Yamaha leisten. Aber die musste dann wirklich aufgemotzt werden. Hinten höhergelegt, mit 18er Ritzeln versehen und die Esse angebohrt: Das brachte ein paar km/h mehr in der Endgeschwindigkeit, einen satten Klang, wenn man einen Konkurrenten „versägte" und den Vorteil, dass die Mitfahrerin dank Schwerkraft gar nicht anders konnte, als ganz dicht ranzurutschen. Vor allem brachte die Tunerei aber eins: jede Menge Mängelscheine bei Straßenkontrollen, weil die Dinger nicht mehr der „TGL" (Technische Güter- und Lieferbedingungen) entsprachen. „Fleppen" (Fahrerlaubnis) brauchte man übrigens irgendwann schon, auch wenn viele von uns ihre „Karren" schon lange vor dem 16. Geburtstag im Umland spazieren fuhren.

Trabis Rückkehr

Die gute alte „Pappe" erfuhr derweil eine erste Welle der Ostalgie. Einige von uns fuhren sie, sobald der Achtzehnte ran war, weil eben noch eine irgendwo rumstand und man kein Geld für ein „richtiges" Auto hatte. Was am Anfang aus der Not geboren war, wurde von einigen zur Tugend und schließlich zum Kult gemacht. Plötzlich gab es an allen Ecken wieder Trabis. Nur waren sie nicht mehr in altpapierbeige, leberzirrhosegelb oder blutarmutsblau zu sehen, sondern mit Rallyestreifen und Flutlichtern bestückte Unikate.

Der Fantasie setzte höchstens Materialschwäche und technische Möglichkeiten Grenzen. Etwas Ähnliches passierte auch mit den Mopeds „Simson Suhl – der Feuerstuhl". Etliche findige Schrauber kauften alte aber funktionstüchtige Maschinen auf, brachten sie so richtig auf Vordermann und verkauften die fertigen Exemplare auf westlichen Motorrad-Liebhaber-Märkten für viel Geld.

Bald ist Schluss

Auch für die Letzten von uns, die zwölf Jahre lang die Schulbank gedrückt hatten, kam irgendwann der Moment der Wahrheit. Nachdem wir uns zwei Jahre lang durch ein völlig neues Kurs- und Punktesystem gefitzt hatten, stand der Schulabschluss bevor. Klassen gab es nicht mehr, sondern Stammkurse. Je nachdem, welches Fach wir als zweiten Leistungskurs gewählt hatten, hießen wir nicht mehr „11a" oder „12b", sondern „Geschichte I" oder „Biologie II". Mit denen – nicht mit

Trabi und Platte. So sah bei vielen noch das Umfeld aus. Wir machten das Beste draus.

Der Beginn einer Klassenfahrt in der Oberstufe.

Und der Abbau nach dem berüchtigten letzten Abend.

unseren Klassenkameraden der letzten Jahre – fuhren wir auch zu den allseits geliebten und von Lehrern gefürchteten Klassenfahrten.

Egal ob es an die nächste Talsperre oder nach Rom ging, immer gab es einen, der viel zu viel billigen Rotwein aus dem TetraPak getrunken hatte. Zumindest hatten es die Lehrer seit der 9. Klasse aufgegeben, die Jungs von den Mädchenzimmern oder -zelten fernhalten zu wollen oder andersherum.

Schließlich nahmen wir ausgelaugt, aber stolz, unser Zeugnis entgegen und hörten uns zum wiederholten Male den Spruch an: „Die Schulzeit ist die allerschönste Zeit. Ihr werdet sie euch zurückwünschen." Wir haben es – natürlich – nicht geglaubt. Wir waren einfach nur froh, den Paukern und den Hausaufgaben, den Klassenarbeiten und dem Sportunterricht endlich den Rücken kehren zu können. So viel Neues wartete auf uns.

Wir bleiben Freunde

Ein paar von uns ahnten es vielleicht schon, einige wollten es sogar so, andere wiederum konnten es sich nicht vorstellen. Wir sollten ab jetzt getrennte Wege gehen. Eine Abschlusszeitung mit Lieblingszitaten der Lehrer und Mitschüler hatten wir noch zusammengestellt, obwohl uns das Ganze eigentlich noch sehr nah und vertraut vorkam. Am letzten Schultag gab es noch mal einen gemeinsamen Schulstreich, bei dem wir endlich alle Lehrer gehörig auf die Schippe nehmen konnten. Und schließlich gab es noch die Abschlussfeier und das letzte gemeinsame Foto.

Inwieweit wir uns inzwischen voneinander entfernt haben, das haben wir sicher alle schon beim zehnjährigen Abschlusstreffen gemerkt. Hier ein Kopf mit schütterem Haupthaar, da die typische Kleinfamilie mit 1,7 statistischen Kindern und Hund und dort vielleicht einer, aus dem etwas geworden ist, womit man nie gerechnet hätte. Wir vom

Geschafft. School's out forever!

Jahrgang 1977, ehemalige Jung- und Thälmannpioniere, Wendekinder und Mopedliebhaber sind erwachsen geworden. Vieles trennt uns, vieles verbindet uns und alles zusammen macht unseren Jahrgang zu etwas Besonderem.

Abi 1995 – Auch die letzten 77er gehen neue Wege.